ABANDONNÉE PAR LES SIENS

DE LA MÊME AUTRICE

Et pourtant, tu étais ma maman, Archipoche, 2017.

CATHERINE BARNERON

avec Élisabeth Segard

ABANDONNÉE PAR LES SIENS

récit

l'Archipel

L'histoire rapportée dans ce livre est vraie,
les personnages sont authentiques, les événements réels.
Toutefois, la plupart des noms de personnes
ont été modifiés.

Notre catalogue est consultable à l'adresse suivante :
www.editionsarchipel.com

Éditions de l'Archipel
92, avenue de France
75013 Paris

Contact : serviceclients@lisez.com

ISBN : 978-2-8098-5030-7

« J'ai traversé des nuits et des jours sans sommeil
Pour en arriver là
[...]
J'ai pleuré tant de fois que je n'ai plus de larmes
Pour en arriver là
[...]
J'ai appris à hurler juste en dedans de moi
Pour en arriver là »

Dalida

Introduction

J'ai toujours su, depuis des années, que j'écrirais l'ouvrage que vous tenez entre les mains. Dans *Et pourtant, tu étais ma maman*, j'ai raconté les actes de torture qui m'ont été infligés durant des années par la femme qui m'a mise au monde, celle qui était ma mère, Suzanne. Ses sévices ont fracassé mon enfance et mon corps, seul un placement en foyer m'a sauvé la vie. Un détail suffit à montrer l'étendue de sa cruauté : elle écrasait à coups de pierre les petits de la chatte. Quant à Maupin, mon beau-père, il leur coupait la queue avec un sécateur. Quel genre de personne est capable d'une telle barbarie ? L'idée même d'agir de cette façon échappe à la majorité d'entre nous.

Un jour, profitant d'une absence de mes bourreaux, j'ai essayé de m'enfuir. J'avais préparé un petit baluchon, mais Maupin et Suzanne sont revenus à l'instant où j'ouvrais la porte de la maison. Je l'avoue, enfant, j'ai pensé à les tuer. La douleur était si atroce que je ne savais comment l'arrêter. Les voisins détournaient le regard, je ne pouvais pas aller voir les gendarmes et je n'osais pas en parler à mes instituteurs, de peur qu'ils interrogent Maupin. J'aurais alors été battue encore plus férocement.

Aujourd'hui que je suis parvenue à me reconstruire, je me refuse à rester silencieuse, je dois témoigner pour montrer comment une vie entière peut être détruite. On m'a demandé si j'avais honte de dévoiler certains détails. Je n'ai pas à culpabiliser ni à rougir des violences et des insultes que j'ai endurées, je n'en suis pas responsable. Au contraire, ce livre, comme le précédent, est un rappel brandi au visage de mes bourreaux : voici les crimes que vous avez commis, voici ce qu'est devenue la petite fille que vous enfermiez dans la cave à charbon. Malgré vos insultes, vos coups, vos viols, vous ne m'avez pas tuée, vous n'avez pas réussi à détruire mon âme.

Évidemment, j'ai traversé des crises d'angoisse et de désespoir, j'ai commis des erreurs et j'ai fait des tentatives de suicide. Mais je suis fière d'être là où j'en suis, fière de mes enfants. Regarder mon passé en face, admettre mes blessures et reconnaître mes cicatrices m'a libérée. Je suis une victime de la folie de ma mère, de celle de mon mari, des failles de l'État et de l'indifférence des adultes. Les enfants martyrs ont peur de parler parce qu'ils craignent que ce soit encore pire après. Comment leur en vouloir ? Quand j'avais huit ans, les voisins fermaient leurs volets quand mon beau-père me tirait sur les fesses avec sa carabine à plomb. C'était de la non-assistance à personne en danger. À cause de ces gens qui ont fermé les yeux, je ne serai jamais une femme normale.

J'ai survécu, mais les cinq années d'enfer infligées par cet homme et cette femme ont brisé mon existence et entraîné une succession de drames.

Malgré tout, je reste la gamine de six ans aux yeux pleins de joie, de soif de découvertes, naïve, tellement heureuse de vivre qu'elle croit toujours en l'humanité de l'autre. Les psychologues expliquent que chacun de nous possède un placard, dans lequel on enferme les mauvais souvenirs et les épreuves. Ma vie est une enfilade de placards. Je les ai tenus fermés durant des années. J'ai décidé de les ouvrir tous. La publication de mon premier livre, en 1998, s'est accomplie dans la douleur. Je croyais alors avoir reconstruit ma vie mais il s'agissait d'une illusion. Vingt-cinq ans plus tard, j'ai enfin trouvé la paix. Il est temps pour moi de raconter l'autre partie de mon histoire. Et ma véritable renaissance.

Une nouvelle vie grâce à La Providence

Ma deuxième vie démarre en 1976, dans un foyer de la protection de l'enfance de Nîmes. J'y entre à la fin des vacances d'été. Situé un peu à l'écart du centre-ville, le foyer de La Providence est installé dans un ancien couvent dont il a conservé le porche majestueux, de longs bâtiments blancs et une petite chapelle au clocher pointu. La dame rousse qui est venue me chercher en voiture chez Suzanne me fait traverser la cour et m'entraîne dans un dédale de couloirs. Des odeurs de cire d'abeille et de lessive flottent dans les escaliers. Parvenue au deuxième étage, elle ouvre la porte d'un box et me désigne la pièce en souriant.

— Voici ta chambre. Les autres pensionnaires sont en colonie. Choisis un lit et installe-toi, ensuite, je te présenterai les éducateurs.

Restée seule, je m'assois dans le petit dortoir, les mains sur les genoux. Je regarde autour de moi, je contemple les murs blancs, tout est calme, propre et silencieux. Je peine à y croire. Puis les larmes montent et coulent sans que je puisse les retenir. Je pleure de soulagement. Pour la première fois depuis cinq ans, je dispose d'un lit, un lit à moi, recouvert de draps frais et d'une couverture douillette. Je ne serai plus frappée, je ne serai plus violée, j'aurai le droit de manger. J'ai onze ans.

Jusqu'à l'âge de six ans, j'ai grandi heureuse chez mon parrain et ma marraine. Puis un jour, Suzanne, ma mère, vint me chercher à l'école et m'emmena vivre avec elle. Ce fut le début d'une plongée en enfer. Elle m'infligea le pire durant cinq ans et je croyais rester enfermée dans cet enfer. J'ignore qui a effectué le signalement auprès des services sociaux. Était-ce un voisin ? Mon institutrice ? Un commerçant ? Mes absences répétées en classe et mes multiples hospitalisations n'avaient pu passer inaperçues. J'étais à l'école lorsque la maîtresse avait appelé le médecin : j'avais mal au ventre depuis plusieurs jours, mais Suzanne s'en était moquée. Le docteur, effaré, avait diagnostiqué une péritonite et m'avait fait transporter en urgence à Tarascon. Ce n'était pas mon premier séjour, loin de là... À l'hôpital, je trempais le thermomètre dans l'eau chaude en espérant rester à l'abri de Suzanne et de Maupin. Les infirmières n'étaient sans doute pas dupes, mais elles avaient fait mine d'y croire et retardé ma sortie.

De leur côté, les habitants de Vallabrègues, le village où nous vivions, avaient compris que j'étais une enfant martyre. Ils me voyaient partir à l'école vêtue d'une jupe taillée dans un sac, boitillant dans mes chaussures trop petites. J'étais efflanquée, je baissais les yeux dès que l'on m'adressait la parole. Le boucher, le père Santoni, m'avait prise en pitié. Lorsque Suzanne m'envoyait récupérer les courses, il me glissait en cachette un steak haché de plus ; je l'avalais cru sur le chemin du retour. Je lui réclamais parfois des déchets de viande, « pour les chiens », que je dévorais de la même manière.

Je remercie de tout mon cœur les villageois et le personnel de l'hôpital. Par leurs petits gestes et cette dénonciation, ils m'ont sauvé la vie. Sans ce placement, je serais morte. Les tortures de Suzanne m'auraient tuée. Depuis qu'elle m'avait enlevée à mes parrain et marraine, j'étais son souffre-douleur, elle avait transformé mon existence en calvaire. Je ne dormais jamais tranquille, je guettais les coups et quand je m'endormais enfin, par pure méchanceté, elle venait me réveiller en me pinçant au sang. La journée, je subissais les sodomies répétées de Maupin qui m'ordonnait de le rejoindre dans sa chambre et les actes sexuels imposés par Suzanne… J'étais une boule de souffrance. Mes seuls moments de répit étaient d'accompagner à la pêche mon frère et le père Benoît. Ces matins-là, je vivais quelques heures sans coups ni insultes et je dévorais les sandwichs qu'il me préparait. Suzanne s'en vengeait, mon bien-être lui était insupportable. À mon retour, elle me frappait avec une violence redoublée, chacun de mes os en a conservé la mémoire ; lorsqu'il pleut, mon dos, mes genoux, mes épaules sont envahis de douleurs, et les coups sur le crâne m'ont laissé de graves problèmes d'équilibre.

Toute la famille était complice de ce monstre. Lorsque Suzanne me punissait, mon demi-frère Didier et ma demi-sœur Christelle osaient à peine me regarder, ils s'en voulaient peut-être, mais mon autre demi-sœur, Liliane, ne se gênait pas pour ricaner tandis que Maupin, le sinistre Maupin, mon beau-père, applaudissait. J'étais torturée devant des spectateurs qui jouissaient de mes larmes. C'est donc si drôle, un enfant qui pleure ? Suzanne est allée jusqu'à me jeter une bonbonne en verre à la tête et à m'étrangler. Elle aurait fini par me tuer.

Le foyer de La Providence accueillait des filles de la naissance à leurs vingt ans, réparties par section. Les bébés étaient en G1, les plus grandes, qui étaient majeures et avaient un emploi, étaient en G9. Je suis placée chez les G3. Nous dormons à trois ou quatre par chambre. Je découvre la vie en communauté entre filles, avec ses petits drames, ses bagarres et ses grandes amitiés. On inflige des blagues ridicules au surveillant de nuit, un brave homme. Je rencontre mes premières amies. L'une d'elles, Fifi, est âgée de deux ans de plus que moi et je resterai en contact avec elle. Nous avons toutes traversé des épreuves terribles, aucune d'entre nous ne les évoque. La Providence est notre cocon. Nous laissons notre passé à la porte du foyer et entamons une nouvelle vie, une page vierge. « Si j'avais su ce que tu avais vécu, je t'aurais protégée comme ma petite sœur », m'a dit Fifi après avoir lu l'histoire de mon enfance.

Après cinq années à trembler de faim et de peur, je suis enfin en sécurité. Jour après jour, je réapprends à vivre. Manger, dormir, discuter, avoir des amies et des vêtements propres. J'ai été si affamée que je crains de manquer et j'avale tout ce qui me tombe sous la main. J'entre dans la chapelle, j'ouvre le tabernacle et je mange les hosties. Pourtant, nous sommes bien nourris, Francis, le cuisinier, nous prépare des pâtes, du poulet rôti, des frites. Il ne nous sert que des plats qui donnent le sourire aux enfants, malgré un budget qui doit être serré.

En fonction de notre âge, nous participons à l'entretien du foyer. Nous nettoyons notre chambre, faisons notre lit, débarrassons la table, passons le balai. Des tâches que je connais pour les avoir effectuées depuis l'âge de sept ans, la différence étant qu'à La Providence on ne me hurle pas de les accomplir, et on ne me frappe pas si je semble trop lente. J'apprends, surtout, à ne plus rentrer la tête dans les épaules ni à me coller contre le mur dès qu'un adulte s'approche de moi, et le soir je m'endors sans craindre d'être réveillée par les pinçons de Suzanne.

À La Providence, je ne manque de rien et surtout pas d'affection. Les éducateurs qui nous entourent, Jean-Claude, Élisabeth et les autres, sont des personnes fabuleuses. Une nonne, sœur Marie-Félix, témoigne envers moi d'une patience et d'une profonde bienveillance. Ils savent que les enfants de la DDASS ont été tellement privés d'amour qu'ils en réclament une quantité infinie.

L'équipe du foyer organise des camps sous tente au Grau-du-Roi. Nîmes est à une heure de route de la côte, mais déménager cinquante gosses est une expédition. Il faut prévoir les menus et les activités, mettre tout le monde dans le car, charger les sacs, et même la friteuse. Les éducateurs vivent avec nous jour et nuit durant une semaine, sacrifiant leur vie de famille, pour nous offrir notre échappée d'été. Leur dévouement est extraordinaire, car nous nous comportons parfois en petits démons. Pour moi, ils méritent la Légion d'honneur.

Grâce à l'Assistance publique, je découvre la mer. C'est une révélation. Le mouvement des vagues et leur bruissement me fascinent. Un éducateur m'explique qu'en face, de l'autre côté de la mer, c'est l'Afrique.

Je peine à y croire. J'apprends à monter à cheval et à nager. Le professeur de natation est âgé d'une dizaine d'années de plus que nous, mais il nous paraît aussi grand et beau qu'un prince charmant. Une copine est amoureuse de lui et veut l'épouser. Il faut dire qu'il est d'une patience d'ange, il répète sans s'énerver :

— Tiens-toi droite, sors les épaules, rentre le ventre, Cathy !

J'ai honte de mon corps abîmé et de mes cuisses chétives dévoilées par le maillot de bain, je me sens nulle, je ne connais pas les mouvements. Il me rassure : « Ça va venir, tu vas y arriver. »

L'été, on nous envoie en colo du côté d'Uzès. Là aussi, on mange des frites ! Je suis de corvée de patates avec Francis qui nous accompagne, muni de sa friteuse. J'aime tant les frites que la tâche me ravit.

L'ordonnance de placement stipule que je rende visite à Suzanne un week-end sur deux. Ces contacts obligés me sont odieux ; c'est pire pour Suzanne qui me voit grandir, m'affirmer, devenir jolie et être heureuse. Mon bonheur la met en rage. Les éducateurs m'accompagnent lors de mes rares visites chez elle. Ils savent qu'elle est dangereuse.

Je refuse à plusieurs reprises de descendre à Vallabrègues. Mes deux demi-sœurs, Liliane et Christelle, qui ont été placées à La Providence quelques semaines après moi, ne comprennent pas que je refuse de me plier à ces rencontres. Elles ont échappé aux sévices de Suzanne et de Maupin, qui ne s'acharnaient que sur moi. Les pensionnaires peuvent recevoir des coups de fil sur un téléphone central installé dans le couloir. Après plusieurs refus de ma part, Suzanne m'appelle et insiste :

— Tu dois venir nous voir ce week-end. Papa te réclame.

« Papa » ? Quelque chose explose en moi quand j'entends ce mot, cet être cruel n'est pas mon père et ne le sera jamais. Peu importe que les autres filles puissent suivre la conversation. Je crie :

— Je ne viendrai pas ! Je ne veux pas voir ce salaud et je sais que toi, tu me veux pour les allocs, tu ne les auras pas !

Je tremble de tout mon corps en raccrochant. Retourner dans cette maison où chaque coin de mur cache le souvenir d'une gifle ou d'un coup de balai est au-dessus de mes forces. Suzanne fait pression sur les éducateurs et l'on m'oblige à descendre le voir.

Vautré sur sa chaise, il est une loque, avec son oxygène et sa morphine. Il essaie de m'agripper, mais je recule, les poings serrés, prête à le frapper. Alors, il geint en tendant les bras :

— Je t'aime, ma Cathy, je n'aime que toi.

J'ai un haut-le-cœur. Cette ordure, que l'on m'a forcée à appeler « Papa », me prend pour sa femme, moi, une fillette. M'aimer ? Alors qu'il m'a violentée, déchirée, jour après jour ?

— Crève et surtout, souffre, souffre bien, avant !

Et je lui crache dessus.

Maupin mourra un an après mon entrée à La Providence. On me traîne à son enterrement. En observant le cercueil s'enfoncer dans la terre, ma seule satisfaction est de savoir que Maupin ne fera plus souffrir personne. Mais ses crimes disparaissent avec lui. Il ne sera jamais jugé pour ce qu'il m'a fait. Il m'a détruite en me violant jour après jour alors que je n'étais qu'une petite fille de sept ans. Ironie affreuse : on a acheté soi-disant en mon nom, et payée avec mes propres subsides, une couronne de fleurs entortillée d'un beau ruban. « À mon cher papa ». Un rire hystérique me saisit, impossible à réprimer malgré les regards haineux de Suzanne. Je m'approche de la tombe ouverte, je me penche et de toutes mes forces, je lance un crachat sur le cercueil.

La difficulté de grandir

Mes années au foyer de La Providence sont heureuses. Je découvre les fêtes, j'apprends à danser, à chanter, à fabriquer des costumes, à me maquiller et surtout, à rire. On célèbre l'anniversaire de chaque pensionnaire, y compris le mien, cela me stupéfie, moi qui en ai été privée par Suzanne. Je reçois des cadeaux : un mange-disque, des vinyles... Parfois, assise dans la grande salle à manger, observant les filles qui s'amusent autour de moi, je crains de vivre un rêve et de me réveiller chez Suzanne, devant l'assiette de soupe au poivre qu'elle m'infligeait comme seul repas.

On monte des spectacles, on confectionne des gâteaux. Pour Noël, on accroche des guirlandes dans les couloirs et la salle à manger. Le sol des pièces est jonché de paillettes en plastique qui se glissent sous les plinthes. La mairie organise un sapin de Noël pour les enfants de la DDASS et je reçois un flacon de parfum de la marque Guerlain, un trésor. J'ai mon premier petit ami. Je suis sortie de l'enfer et je découvre le bonheur.

Grâce au directeur du foyer, les allocations touchées par Suzanne sont suspendues. Je reçois chaque mois un petit pécule dont je dispose à ma convenance. Il me permet d'acheter mes vêtements, mes affaires scolaires, des bonbons, du vernis à ongles. Une éducatrice nous accompagne dans les magasins et nous cadre. Sans elle, nous achèterions de tout et sans doute n'importe quoi…

Je passe de G3 en G4, puis en G5. J'ai grandi, mes jambes se sont allongées, ma poitrine et mes fesses se sont arrondies. Ma date de naissance m'oblige à changer de groupe, mais je conserve les rêves d'une petite fille et je suis trop immature pour évoluer selon mon âge. L'ambiance du foyer, très bon enfant chez les plus jeunes, est différente chez les aînées. Les filles en G6 et G7 sont dures, certaines sniffent ou fument, et multiplient les fugues. Sœur Marie-Félix et sa longue jupe blanche ne parviennent plus à les raisonner. Elles m'entraînent et je les suis.

C'est l'époque de *Saturday Night Fever* et de *Grease*, que je vais voir au cinéma avec les copines. À quatorze ans, je porte un blouson noir comme John Travolta et je rêve de posséder les créoles et le pantalon de cuir d'Olivia Newton-John. Je ne commets pas de grosses bêtises, mais je roule des mécaniques, je traîne dans les rues ou les bars avec des bandes de filles et de garçons plus âgés. Je me fais tatouer les épaules. Le week-end, allongée sur mon lit, casque sur les oreilles, j'écoute les albums de Jean-Michel Jarre en sniffant des bouteilles de trichlo. Je dévisse le bouchon rouge et me noie dans les vapeurs du solvant en rêvant de ma propre mort, j'imagine mon enterrement, mon cercueil escorté par mes copains motards.

Côté scolaire, la situation devient de plus en plus compliquée. Je ne parviens pas à me réadapter à l'école. Jusqu'à mon arrivée chez Suzanne, j'aimais aller en classe mais j'ai ensuite enchaîné les absences et les redoublements. Je suis incapable de rester assise sur une chaise ou d'écouter un cours sans commettre de provocations. Je grimpe sur les bureaux, je danse en classe, je refuse d'ouvrir un cahier. Je fais tous les établissements de Nîmes, qui se repassent la diablesse. Partout, je me conduis en petite frappe.

Dans le dernier collège où je suis placée, je surnomme un malheureux camarade Escartefigue et je lui jette des cigarettes allumées. Je viens en classe avec une matraque ou un couteau à cran d'arrêt. Excédé, le directeur finit par me convoquer :

— Catherine, videz votre cartable.

Avec un soupir maussade, j'ouvre mon sac et le renverse sur son bureau. Un tas informe de tablettes de chewing-gums, chouchous pour les cheveux, paquet de cigarettes, briquet, magazines, sans l'ombre d'un crayon ni d'un manuel.

Je n'ai aucun équilibre, je suis déstructurée, enfermée dans mon besoin d'être aimée et prête à tout pour exister aux yeux des autres. Au foyer, je respecte encore les éducateurs, mais à l'école, je suis livrée à moi-même, malgré la bonne volonté de certains enseignants, comme cette professeure de français, convaincue de mon potentiel, qui s'obstine à me faire lire de la poésie et de la littérature.

On décide de « m'orienter », mais vers quoi ? Je ne le sais pas, j'ignore ce que je souhaite. Sans doute juste être aimée et chérie, mais ce n'est pas la mission de l'école. Les choses auraient peut-être été différentes si j'avais été placée dans une famille d'accueil.

On m'envoie pour des essais en sections de menuiserie et de mécanique. Cela ne me déplaît pas. Je fabrique un bel objet en bois, mais je n'apprends pas grand-chose en mécanique, les garçons se proposant pour exécuter les pièces à ma place, car je suis la seule fille du groupe. Finalement, on m'oriente vers un CAP coiffure et on me place dans un salon.

J'ai une longue tignasse noire et je sers de modèle à mes collègues. Je réalise ma première création, des cheveux lissés en arrière et coiffés d'une tresse ornée de balles de ping-pong multicolores. J'en suis très fière. J'aime l'odeur des parfums et de la laque. Mais poser des bigoudis et élaborer des permanentes m'ennuie. En observant les vieilles dames se faisant shampouiner, je me dis que je refuse de finir comme ça. Ni en mémé à cheveux gris ni en coiffeuse de quartier. Je rêve de beauté et de musique.

Ma copine Fatima, qui est dans le groupe G6, n'a pas froid aux yeux et elle a l'habitude de faire le mur. Un jour, au moment du dîner, elle m'attrape par le bras et me chuchote :

— Ça te dit d'aller en ville ce soir ?

Quelle bonne idée ! J'accepte en gloussant.

À l'heure de l'extinction des feux, je glisse mon traversin sous mes draps et fais bouffer l'oreiller. On jurerait que je suis là, allongée dans mon lit. Puis nous nous faufilons hors du foyer par une fenêtre donnant sur la rue. Le tout est d'éviter de se casser une jambe ou une cheville en sautant, mais Fatima et moi possédons assez d'expérience pour nous préserver de ce risque.

Nous connaissons la ville comme notre poche. Nous filons vers le centre et bientôt, nous voilà dans les rues du vieux Nîmes, où nous croisons deux oncles de mon amie. Ils nous interpellent avec un grand sourire.

— Oh, les filles, vous allez où ?

— On se balade, répond Fatima.

— Venez dîner à la maison, vous serez mieux que dehors.

Je me tourne vers Fatima qui hausse les épaules. Après tout, pourquoi pas ? Nous les suivons sans méfiance. La soirée traîne et ils nous proposent de rester dormir. La nuit est tombée depuis longtemps.

— Je suis crevée, m'avoue Fatima, on rentrera demain. Tant pis si on se fait engueuler par le directeur.

Le lendemain matin, l'ambiance change. Ses oncles refusent de nous laisser partir et m'enferment dans la chambre. Très vite, ils alternent coups et menaces pour me dissuader de partir. Je comprends aux regards qu'ils me jettent et à leurs conciliabules qu'ils se préparent à nous mettre sur le trottoir. Moi, en tout cas.

Fatima ne semble pas menacée du même sort. Je la convaincs de détourner leur attention afin de me permettre de m'enfuir. Au bout de trois jours, Fatima réussit à obtenir leur confiance. Je demande à aller chercher des cigarettes et elle leur propose de m'escorter. Sitôt passé le coin de la rue, je cours de toutes mes forces. J'aurais pu m'égarer dans le dédale du quartier et être rattrapée, la chance est avec moi, je croise un jeune que je connais. Haletante, je me précipite vers sa voiture et il me dépose devant La Providence.

Mon retour met le foyer en émoi. Après trois jours sans nouvelles, les éducateurs n'espéraient plus nous revoir. Des filières de proxénètes sévissent à Nîmes, plusieurs filles placées ont disparu au cours des derniers mois et le directeur était convaincu que nous avions subi leur sort.

— Cathy, me demande-t-il, auras-tu le courage de raconter ce que tu as vu ?

J'accepte, sans réfléchir.

Le directeur appelle le juge, qui vient me voir et me demande à son tour si je veux bien témoigner, avant de prévenir la police. Une équipe vient me chercher en voiture et m'emmène au commissariat.

— De quoi te souviens-tu ? me demande un inspecteur.

— L'un des deux types avait une grande cicatrice.

Je dessine du bout des doigts sur mon visage la balafre qui défigurait l'oncle de Fatima. Les yeux de l'enquêteur s'allument.

— Si c'est l'homme auquel je pense, il est fiché. Il a constitué avec son frère une filière de prostitution et ils sont recherchés pour meurtre.

Vingt-quatre heures plus tard, on me fait revenir au poste afin d'identifier les hommes qui nous ont séquestrées. J'ai beau être dissimulée derrière une glace sans tain, les gardés à vue ne sont pas dupes. Ils ont compris d'où provient la dénonciation. Mon témoignage me met en danger. Les éducateurs sont catastrophés. Afin de me protéger, je suis consignée dans ma chambre et un agent de police est détaché pour surveiller le foyer.

Le juge des enfants me convoque dans la semaine. Il m'accueille derrière son bureau recouvert de dossiers multicolores. Hormis les éducateurs, c'est l'un des rares adultes qui m'en impose, non seulement à cause de son statut et de ses cheveux gris, mais parce qu'il me parle et me considère comme un être intelligent, digne d'être respecté. Il m'a écoutée et m'explique ses inquiétudes.

— Catherine, tu as été très courageuse en aidant la police, mais les hommes que tu as identifiés voudront se venger et ils sont organisés. Les agents seront incapables d'assurer ta sécurité durant des mois.

Je hoche la tête. Je suis jeune, mais j'ai conscience qu'il est impossible de m'attribuer un garde du corps personnel.

— Qu'est-ce que vous allez faire ?

— Tu seras en danger tant que tu vivras dans la région. J'ai donc sollicité pour toi une place dans un foyer à Angoulême.

— C'est où ?

— À l'ouest de la France, en Charente.

C'est loin. À l'autre bout du pays. Je me fiche d'être à mille kilomètres de Suzanne et de mes demi-sœurs, mais quitter Fifi, le foyer, les copains... Le magistrat me voit grimacer.

— C'est la meilleure solution pour toi, Catherine, poursuit-il de sa voix grave.

Un pli soucieux déforme son front. Il n'a pas pris sa décision de gaieté de cœur. Ma situation est intenable, le foyer ne peut pas rester sous surveillance durant des mois. Quitter Nîmes est la seule issue. Les larmes aux yeux, je prépare mon sac et je dis adieu à Fifi, sœur Marie-Félix, Jean-Claude et Élisabeth. Je les garderai dans mon cœur. Sœur Marie-Félix m'a donné beaucoup d'amour, tous m'ont aimée et je les ai aimés. Ces gens ont accompli plus que leur métier, ils se sont engagés de tout leur cœur pour nous aider à reprendre confiance en la vie.

Le juge est un vieux monsieur bienveillant. Il m'emmène lui-même en voiture, avec sa femme. La route est longue. Assise sur la banquette arrière, le front appuyé contre la vitre, je regarde défiler les forêts et les villages inconnus. Pour le déjeuner, nous nous arrêtons dans un restaurant. J'admire la nappe blanche. J'ignore qu'il s'agit de mon dernier vrai repas pour les quatre années à venir.

Je pense retrouver à Angoulême l'atmosphère chaleureuse de La Providence. Je tombe de haut. La ville est grise et nuageuse. Les éducateurs voient mon arrivée d'un mauvais œil. Ils craignent que les proxénètes que j'ai dénoncés ne mènent une expédition punitive jusqu'à Angoulême et me considèrent comme une menace pour le foyer.

Je rentre d'une promenade lorsque le directeur me convoque dans son bureau. Il est entouré de deux éducateurs. Leurs visages sont fermés.

— Catherine, m'annonce-t-il, on a trouvé un sachet d'herbe dans ta valise.

La sidération me rend muette une seconde, puis je crie :

— C'est impossible, je ne me drogue pas !

— Ta place n'est pas chez nous, mais dans un centre spécialisé.

— Je vous jure que je ne me suis jamais droguée de ma vie ! C'est quelqu'un qui l'a mis dans ma valise.

— Ce type d'attitude est inadmissible, Catherine. J'ai fait le nécessaire et prévenu le juge.

La décision du directeur est prise. Il a alerté le magistrat qui a validé un nouveau placement. On refuse de me laisser lui parler.

Je suis convaincue que c'est un coup monté des éducateurs pour se débarrasser de moi. J'ai beau clamer mon innocence et affirmer que, malgré mes airs de vaurienne, je n'ai jamais fumé que des cigarettes, je dois prendre mes affaires et quitter le foyer. Je n'ai même pas eu le temps de les ranger dans mon armoire. Direction un centre de réinsertion, près de Toulouse.

Le Patriarche, un nouvel enfer

Le juge qui a ordonné mon placement dans un centre du Patriarche pense me mettre à l'abri. Il me jette dans un nouvel enfer. L'association Le Patriarche possède à travers tout le pays des centres de postcures pour toxicomanes. Elle a été fondée par Lucien Engelmajer, un ancien brocanteur qui se donne des airs de vieux sage en entretenant sa longue barbe blanche. C'est elle qui lui a valu le surnom de Patriarche, nom qu'il a repris pour son association. Lucien Engelmajer assure guérir les junkies sans médicaments ni soutien médical, en s'appuyant sur la seule force de l'exemple et de l'entraide. Son programme est simple. À son arrivée, le jeune toxico est privé de drogue, selon la technique du « sevrage-bloc » préconisée par des médecins allemands, il ne reçoit aucun substitut et il est surveillé jour et nuit par des « anciens ». La première réaction d'un drogué en manque étant de chercher sa dose, il demande à partir. Et c'est là que le piège du Patriarche se referme, pour entrer dans la deuxième phase, celle de l'exploitation. Ses « gardiens » lui répètent qu'il est en sécurité au centre, que la mort l'attend dehors, qu'il doit faire confiance aux anciens passés par là, avec succès puisqu'ils ne se droguent plus. Eux seuls le comprennent et l'aideront. Affaibli par le jeûne, isolé, le pensionnaire n'ose plus se révolter. Il obéira à toutes les injonctions, y compris les pires.

J'ignore cela lorsqu'un éducateur me dépose au centre de La Mothe, à Saint-Cézert, au nord de Toulouse. Je suis heureuse de redescendre vers le sud et j'espère retrouver la gaieté absente à Angoulême.

Après avoir suivi un chemin gravillonné sans fin, la voiture s'arrête devant une longue bâtisse en galets et en briques. Son toit en tuiles brille sous le soleil. Le centre d'accueil est installé dans ce château du XVIIIe siècle, à l'écart du village. Je découvrirai vite qu'on y mène une existence particulière.

Dès mon arrivée, le responsable me prend ma valise.

— Ici, tu n'en as pas besoin, m'explique-t-il.

Mon bagage est retourné sur le plancher, chaque vêtement est secoué et ausculté. Je n'ai pas le temps de protester ou de poser des questions. L'éducateur est déjà reparti, trop heureux d'avoir livré son encombrant colis. Mes affaires escamotées, le responsable m'emmène dans une salle aux murs en pierre. Une grande cheminée est ornée d'une statue de Bouddha. Une sorte de bassin de la taille d'une baignoire trône au milieu de la pièce.

— Déshabille-toi, ordonne-t-il, on va te faire des massages.

— Je n'en ai pas besoin.

— C'est le protocole.

Un à un, je retire mes vêtements et, une fois nue, on me tire dans le bassin. L'eau est froide. Une main se pose sur mon épaule, une autre sur mon dos nu. Je me recroqueville. On touche mes jambes, mes cuisses, puis on les écarte. L'un après l'autre, deux hommes me violent. J'ai le souffle coupé, le désespoir me submerge. Je ne résiste pas, depuis mon enfance, j'ai compris que plus tu te débats et plus tu excites ton violeur, plus tu es frappée, plus tu souffres. Je l'ai appris à mes dépens lors des premières agressions de Maupin.

Je n'ai même pas le temps de me redresser ni de me nettoyer entre ces deux animaux. On évoque beaucoup la souffrance psychologique du viol, mais qui parle de la meurtrissure physique ? Elle est innommable. J'étais encore vierge, Maupin me violant par voie buccale et anale. Ce soir-là, cette douleur insoupçonnée, cette nouvelle violence, m'a arraché encore un morceau de mon âme. Beaucoup de femmes subissaient ce sinistre cérémonial lors de leur arrivée au Patriarche.

Bien que n'étant pas toxicomane, je suis soumise au traitement de sevrage imposé aux nouveaux arrivants. Les pensionnaires sont logés dans des bâtiments derrière le château. Je suis enfermée dans une pièce sous la surveillance constante de deux anciens. On me met à la diète et on m'abreuve de tisanes de houblon. Outre leur goût amer, elles me rendent malade, à moitié vaseuse.

Je n'ai le droit de sortir de la chambre que pour aller aux toilettes ou me promener dans le parc. En fait de « promenade », il s'agit d'une marche forcée, abrutissante, durant laquelle mes deux gardiens me tiennent par le bras et m'abreuvent de sermons : « Ici, tu vas oublier ton ancienne vie, nous sommes là ensemble, tu dois purifier ton corps et ton esprit, tout ce dont tu as besoin est ici, le Patriarche va te faire grandir, le travail va te sauver... » Ce bourdonnement incessant m'étourdit, m'empêchant de ressentir les bienfaits du grand air et de reprendre mes esprits. C'est le but.

Après une semaine de ce régime, je vacille sur mes jambes. D'après mes « accompagnateurs », mon corps et mon esprit ont besoin d'être régénérés. Je mangerai quand je travaillerai. J'aperçois de loin les autres pensionnaires, silhouettes fantomatiques vaquant à leurs occupations. Aucun ne s'approche de moi, ils restent en groupes, escortés eux aussi par des « anciens ».

À la nuit tombée, les viols reprennent. Je m'endors en mordant mes doigts pour étouffer mes sanglots, recroquevillée sous ma couverture. Je me répète que je suis dans un abominable cauchemar, de ceux dans lesquels on se débat, on hurle, et où personne ne nous voit ni ne nous entend. Mais quand je me réveille le matin, je suis bel et bien au centre, enfermée dans une pièce froide avec deux geôliers.

Mes dix jours de dressage écoulés, on m'envoie rejoindre les autres résidents. Je découvre un rythme digne d'un camp de travail. La journée débute à 7 heures, au son de la cloche. Le petit déjeuner est composé de pain cuit sur place, de confitures confectionnées par les pensionnaires et d'eau chaude. Pas de beurre ni de café, ils sont considérés comme des excitants et sont prohibés. Ensuite, le chef du centre nous réunit et distribue les tâches de la journée. Le domaine de La Mothe s'étend sur plusieurs hectares, il abrite une ferme et un atelier et fonctionne en autarcie, selon la méthode du Patriarche où tous les métiers sont représentés : avocats, maçons, garagistes, cuisiniers, comptables, plombiers… Chaque centre possède son secrétariat et sa comptabilité. La majorité de nos travaux sont physiques et pénibles. Il s'agit de creuser des fondations, poser des tuiles, monter des murs, biner, soigner les chevaux ou les cochons. Je suis affectée au soin des animaux.

À midi, la cloche nous appelle pour le déjeuner. Celui qui arrive en retard est privé de repas. Nous sommes nourris de pâtes et de bouillies infâmes. Je n'ai pas le souvenir d'avoir avalé un seul bon repas à La Mothe ; pour manger correctement, il fallait avoir la chance d'être invité chez les chefs ou chez Lucien Engelmajer.

À 19 heures, les responsables et leurs surveillants, qui sont appelés les Ovnis, nous rassemblent dans la salle pour la deuxième réunion, destinée à nous édifier et à dresser les pensionnaires « déviants ». Les Ovnis rôdent dans tout le domaine pour nous surveiller et rapportent le moindre de nos gestes aux chefs, qui distribuent les bons et les mauvais points. Les plaintes sont interdites à la réunion. Il est interdit de dire qu'on est fatigué, qu'on est malade, qu'on a faim ou qu'on a froid. Interdit, évidemment, de critiquer l'attribution des tâches. Chaque écart, soit-il minime, est réprimé. L'éventail des sanctions est large, allant de l'insulte aux châtiments corporels les plus violents. Petite, ma mère m'envoyait affronter les vachettes lors des fêtes camarguaises, afin de récupérer les cinquante francs de récompense. J'avais manqué être encornée par une bête. Dans les yeux des pensionnaires se levant pour être châtiés, je lis la terreur que je ressentais en descendant dans l'arène.

Ces punitions sont à la discrétion des responsables. Les résidents obéissants sont récompensés par une « responsabilité », ils sont nommés Ovnis. Je comprends très vite que ce système de terreur et de fausse reconnaissance maintient l'emprise sur les résidents. Ces réunions quotidiennes se révèlent interminables et épuisantes. Elles durent deux heures au moins, voire trois s'il y a des punitions. Je ronge mes ongles en attendant la pitance du soir, des légumes à l'eau ou du riz mou. Les chefs festoient ensuite entre eux.

Les responsables distribuent des rations de cigarettes chaque semaine, comme à l'armée. Le tabac et les médicaments représentent les seuls produits achetés par l'association. Ces derniers sont rares, puisque les pensionnaires sont soignés par le médecin du centre, un ancien alcoolique. Aucun dentiste ne m'a examinée en trois ans. C'est au Patriarche que j'ai commencé à souffrir de migraines atroces, sans aucune aide pour les soulager.

Je perds la notion du temps. Je vis coupée du monde. Sans courrier, sans appels téléphoniques, sans montre, sans journaux, sans radio. Les responsables nous rappellent chaque matin la date, un détail qui indique à quel point nous sommes isolés. J'ai retrouvé des sensations familières, le ventre qui se tord de faim, la nourriture froide, la peur, la brûlure d'un sexe étranger qui s'enfonce en moi, la solitude, toutes ces souffrances que j'avais endurées chez Suzanne et que j'avais cru oubliées. Je dors enveloppée d'une maigre couverture, identique à celle que Suzanne m'attribuait, ces couvertures distribuées aux bidasses par l'armée ou utilisées dans les asiles de nuit, de vilaines couvertures grises et rêches qui empestent la poussière et grattent la peau mais me laissent glacée. Les années paisibles à La Providence ont disparu dans un brouillard lointain. Nous dormons à trois ou quatre par chambre, mais l'atmosphère y est bien différente de celle du foyer. La lecture et la musique y sont interdites, ainsi que les fêtes et les animaux de compagnie. Je n'ai pas croisé un chat ou un chien dans un centre du Patriarche, les seules bêtes tolérées sont des animaux productifs, ceux des élevages : poules, cochons, chèvres, vaches, chevaux.

Nous devons rester enfermés dans le labeur. Chacun survit comme il peut. L'agressivité est palpable. Les drogués en manque ont des réactions imprévisibles et les Ovnis nous harcèlent du lever au coucher. Je vis parmi une armée de zombies. Je suis devenue une esclave.

Lavage de cerveau, isolement, exploitation financière, abus sexuels, travail obligatoire, le Patriarche emploie toutes les armes d'une secte. La photo du fondateur est affichée dans chaque centre et son nom s'étale sur la façade du château de La Boère. Mais Lucien Engelmajer ne poursuit aucune chimère spirituelle, son unique but est de devenir millionnaire, et il y est parvenu. En moins de dix ans, il a créé une multinationale. Il a débuté son affaire en achetant avec sa femme, Rena, le château de La Mothe, où il a hébergé un drogué, puis un deuxième et les a fait travailler, soi-disant pour les occuper. Il a vite discerné le bénéfice à tirer de cette main-d'œuvre gratuite. Il a loué à petit prix un deuxième lieu, La Boère, et peaufiné un système lui permettant d'optimiser les profits. D'une part, il touche des subventions de l'État, qui verse un tarif à la journée pour chaque pensionnaire. Cette subvention s'ajoute parfois à la pension réglée par les familles qui confient leurs enfants à l'association en espérant les sauver, car, contrairement à un préjugé bien ancré, la drogue touche tous les milieux sociaux. Les riches choisissent la cocaïne, les pauvres l'héroïne. D'autre part, ces jeunes restaurent des propriétés achetées une bouchée de pain. Ils constituent au profit du Patriarche un solide patrimoine foncier, et exploitent le domaine dont les produits sont commercialisés à prix d'or. Une fois qu'un centre fonctionne, le Patriarche en ouvre un autre. La secte a développé une offre alimentaire complète de viande, fromages, foie gras, confits de canards, conserves et confitures, en privilégiant des produits qui se revendent cher.

Grâce à ce fonctionnement pyramidal, l'association s'est étendue comme une pieuvre. En 1981, le Patriarche possède dix-sept centres. Un an plus tard, ils seront vingt-neuf ; en 1983, il en comptera quarante-sept et fin 1984, soixante-quatorze. La secte s'est implantée en Espagne, en Suisse, en Italie, au Canada... Lucien Engelmajer règne au sommet, aidé de son bras droit. Viennent ensuite les responsables de centre, puis leurs petits lieutenants. Et tout en bas, les pensionnaires, trimant du matin au soir, sans jour férié ni dimanche, pendant que le roi Lucien circule en Bentley avec chauffeur.

Les belles actions du Patriarche sont vantées dans *Antitox*, un bulletin imprimé et distribué par les résidents, vendu vingt francs et diffusé chaque mois à quatre cent mille exemplaires. Lucien Engelmajer a également écrit un livre, sobrement intitulé *Le Patriarche* ; là encore, la vente est tout bénéfice pour lui puisque nous les vendons dans la rue, en porte-à-porte ou les mettons nous-mêmes sous pli pour les expédier. Enfin, usant de sa figure rassurante de grand-père, le Patriarche en personne multiplie les conférences et les interventions auprès des chefs d'entreprise et des clubs de philanthropes. Je le vois leur soutirer des chèques faramineux.

L'éducateur a confié ma carte d'identité à la secte. Sans papiers et sans argent, isolé de sa famille et de ses amis, quitter le Patriarche est impossible, d'autant plus que beaucoup de pensionnaires viennent d'Italie et d'Espagne ; ils sont à des milliers de kilomètres de chez eux et méconnaissent le pays. Ceux qui parviennent à déjouer la surveillance des Ovnis et à s'enfuir sont rattrapés. Ils sont alors punis, c'est-à-dire battus jusqu'à leur briser les os. J'ai vu des garçons de vingt ans frappés à coups de poing et de bâton et abandonnés au sol, inanimés, le visage en sang. Mon désespoir est tel que je décide malgré tout de tenter ma chance.

Un après-midi, profitant d'un moment d'inattention des Ovnis, je me glisse vers le mur d'enceinte. Mon cœur bat jusque dans mes oreilles. Comme tous les centres de l'association, La Mothe est isolé au milieu des champs et des bois, à plusieurs kilomètres du village. Je m'enfonce entre les arbres, j'ignore dans quelle direction je cours, mais je fuis à toutes jambes. J'atteins enfin la départementale et je me poste au bord de la route, le pouce levé. Je tremble que les Ovnis ne surgissent et m'aperçoivent. À mon grand soulagement, un véhicule s'arrête.

— Monte, me lance le conducteur.

Je n'ai pas de chance. Ce salopard me met un couteau sous la gorge et exige une fellation avant d'ouvrir la portière et de me jeter sur le bas-côté.

Je suis récupérée par une équipe du Patriarche. L'association compte tant de centres dans la région que des Ovnis patrouillent régulièrement à la recherche des fuyards. D'autres sont rattrapés par la gendarmerie. Le Patriarche hébergeant aussi des condamnés en liberté conditionnelle, la maréchaussée ne fait pas de détail, elle ramène tout le monde *manu militari.*

Après une deuxième évasion ratée, on me punit en m'infligeant une nouvelle raclée. Les coups sont si violents que je pense rester défigurée. Je comprends que je ne peux pas me rebeller. Le Patriarche est trop puissant et possède des yeux partout. Il me faut faire profil bas si je veux survivre.

Dans la cave à charbon

Du château de La Mothe, l'association me transfère à celui de La Boère, à Saint-Paul-sur-Save, au nord-ouest de Toulouse. Le bâtiment en impose. Il appartient à la commune, que le Patriarche a convaincue de le lui louer pour une bouchée de pain. Une tour carrée ornée de créneaux lui donne des airs de forteresse médiévale.

Le château de La Boère possède son dragon, c'est une femelle, elle s'appelle Kikka. Elle dirige le centre avec son compagnon. Elle est italienne. C'est une sadique. Elle me parle d'une voix sèche et saccadée, comme si j'étais un chien. Ses yeux bleus, fixes et globuleux, enfoncés dans son visage triangulaire, me transpercent du même regard que celui de Suzanne. Son comportement est imprévisible. Elle devient jalouse de Joséphine, une très jolie fille, sosie de Sophia Loren, et la frappe comme une enragée.

Un soir, lors de la réunion des Ovnis, Kikka décide de me châtier. Elle me fait déshabiller, puis attacher les jambes écartées à même le sol devant l'ensemble des pensionnaires.

— Versez-lui du sel sur les orteils, ordonne-t-elle.

Un Ovni s'exécute.

— Amenez une chèvre pour qu'elle lui lèche les pieds.

Un Ovni revient, traînant une bique bêlante et puante. Je crains que la bête me morde. Je tremble de froid, de peur et d'humiliation. Je suis à nouveau chez Suzanne, mise au piquet, toute nue, debout sur un pied, face au mur sale, sous les ricanements de mes demi-sœurs et l'œil lubrique de Maupin. Kikka témoigne envers nous d'une méchanceté absolue, on jurerait qu'elle veut nous faire payer ses propres souffrances d'ancienne toxico.

Certains pensionnaires considèrent Lucien Engelmajer comme leur sauveur, d'autres sont aussi désespérés que moi, mais il est impossible de savoir qui pense quoi. Nous sommes contraints de répéter le discours officiel, sous peine de correction. Celui qui ne soutient pas les allégations des chefs lors des réunions s'expose au pire. Nous sommes à la merci des Ovnis. Des pervers qui prennent du plaisir à frapper et ne s'arrêtent qu'une fois le « rebelle » inconscient, en sang. C'est de la boucherie. Je recevrai à La Boère des coups si puissants que j'en garderai une cicatrice sur le nez. C'est un miracle que j'aie conservé mes dents.

L'automne est arrivé. Le centre est de plus en plus inhospitalier, nos logements ne sont pas chauffés. La nuit, nous ne disposons que de ces affreuses couvertures grisâtres. Le responsable nous distribue des pulls et des manteaux pris au « vestiaire », une pièce remplie de vêtements de seconde main. Le Patriarche récupère des véhicules, des portes, des briques, des meubles, des matelas, des casseroles. Rien ne s'achète, tout se récupère et ce qui est inutilisable pour les centres est revendu, Lucien Engelmajer n'a pas été brocanteur pour rien.

Mon corps est une machine. Mes mains se couvrent d'ampoules, mes cheveux sont poussiéreux et gras. Les conditions de vie et d'hygiène sont catastrophiques. Les douches en commun et les WC sont installés à deux cents mètres du château, nos chambres ressemblent davantage à des nichoirs qu'à des chambres. Des chenils pour humains. Des murs en plâtre nus, parfois même sans lumière, mais de toute façon, à quoi servirait-elle ? Nous n'avons pas le droit de lire ni d'écrire. Le forgeron, un grand gaillard taiseux, dort sur un matelas posé au fond de son atelier.

La Boère est l'un des centres dont les méthodes sont les plus brutales. Les jeunes toxicomanes y transitent avant d'être placés dans un centre plus petit. Je suis tellement maltraitée par Kikka et ses lieutenants que Lucien Engelmajer en personne s'en inquiète. Je suis mineure, pupille de l'État et, parce qu'il vise ce nouveau « marché », il ne peut courir le risque que les sévices me mènent à l'hôpital, ou pire. Il ordonne donc que je revienne à La Mothe et me charge de faire le ménage chez lui.

Sa maison personnelle, située dans le parc du domaine, est à mille lieues de nos gourbis. Elle a été rénovée avec goût et de beaux matériaux anciens. Du carrelage vert bouteille, des carreaux de ciment décorés, des meubles sophistiqués. La salle à manger peut accueillir une vingtaine de convives. Il reçoit souvent et traite ses invités avec des manières de souverain, leur offrant plats raffinés et bonnes bouteilles.

Lucien Engelmajer est un fou de jeu d'échecs et il collectionne des pièces uniques faites sur mesure.

— Ils ont été créés par mes hommes, répète-t-il en levant le menton.

L'un de ces jeux est en métal et a été fabriqué par un forgeron du Patriarche, un autre, en bois, a été tourné par un pensionnaire ébéniste.

Je suis la première mineure confiée à l'association. Lucien Engelmajer, qui donne des conférences dans les Rotary Clubs et les Lions Clubs pour lever des fonds, décide de m'emmener afin de promouvoir le travail du Patriarche. Il m'utilise en trophée, je suis la preuve de la confiance des services sociaux en ses méthodes. Pour l'accompagner, je dois être présentable. Il m'emmène à Toulouse dans sa voiture avec chauffeur pour me rhabiller de la tête aux pieds.

Je le suis aux conférences sans rechigner, car ces jours-là j'évite les corvées épuisantes et je dîne à ma faim. Chaque fois, j'observe le cirque de Lucien Engelmajer. Lui qui se drapait de longues tuniques blanches porte désormais des tenues de vieux bourgeois. Son discours est bien rodé. En clamant qu'il est le seul homme capable de juguler « l'épidémie de toxicomanie » qui terrorise la société, il rassure les politiques et les patrons les plus influents. Les frères Ouaki, les fondateurs de Tati, ont ainsi mis à la disposition du Patriarche un appartement de trois cents mètres carrés à Barbès-Rochechouart, un endroit magnifique, orné de parquets, moulures et cheminées. Ces braves gens ignorent la face cachée de ce monstre.

Selon un journaliste, « ce truculent personnage ne se prive pas de pincer les fesses des filles[1] ». Il fait bien plus que cela : Lucien Engelmajer exploite les

1. Article de Bruno Frappat paru dans *Le Monde*, le 24 mai 1975.

pensionnaires de toutes les manières possibles, nous sommes ses jouets, y compris sexuels. Il est impuissant, mais m'appelle dans sa chambre. Sa bouche molle et moite force la mienne, son horrible barbe frotte mon visage d'adolescente. Puis il s'assoit au bord du lit. Il déboutonne son pantalon en velours côtelé vert bouteille et réclame une fellation. Je l'entends souffler au-dessus de ma tête, je serre les paupières pour ne pas le voir. Son odeur de vieil homme et sa chair flasque me répugnent.

Ce rituel qui me donne la nausée se répète jour après jour. Évidemment, Rena, sa femme, est au courant mais elle ferme les yeux. Il est heureux que Lucien Engelmajer soit impuissant, sans quoi le Patriarche compterait des flopées de bébés. À l'inverse, l'un de ses bras droits qui s'autorise le même droit de cuissage sur moi est un éjaculateur précoce.

Parmi la succession d'horreurs que j'ai traversées, je ne saurais dire quelle période a été la plus dure. Celles qui m'ont le plus atteinte sont celles qui ont touché mes enfants. J'ai vécu les pires souffrances physiques quand j'étais enfant, mais aussi violente soit-elle, cette douleur-là se domine. Au Patriarche, au-delà des coups, j'ai perdu une partie de moi-même : l'aptitude à me projeter, qui m'avait sauvée chez Suzanne et Maupin. Le Patriarche m'a broyée. J'étais enfermée sans perspective de sortie, je survivais jour après jour. Je n'ai pas le souvenir d'y avoir éprouvé un moment de joie ou de rêve. J'étais simplement une bête de somme à dompter.

L'allure bonhomme de Lucien Engelmajer dissimulait une dureté inouïe. Personne ne discutait ses ordres, il possédait le droit de vie et de mort sur chacun des malheureux enfermés dans ses centres. Le Patriarche sera une expérience pire que la prison que je connaîtrai vingt ans après. Les viols répétés, les coups et le travail incessant forment un carcan insoutenable. En prison, je conserverai une part de liberté ; si j'avais envie de ne rien faire, je ne faisais rien, j'avais le droit de lire et de parler à mes codétenues. Tout cela est proscrit au Patriarche, la violence psychologique y est implacable. Nous avons l'interdiction de rester seuls, l'interdiction de réfléchir, de méditer, y compris dans notre propre lit. La nuit, les Ovnis passent dans les chambres vérifier si nous dormons. Gare à celui qui a les yeux ouverts, il est insulté et frappé. Le pire est la solitude, une solitude absolue. Durant quatre ans, je n'aurai aucun ami. Il est impossible de tisser des liens sincères. Comme en URSS, chacun est le policier de son voisin et je suis condamnée à garder en moi ce que je pense ou ressens.

Je ne dispose plus d'un centime, le Patriarche a récupéré le pécule mensuel alloué par la DDASS. J'ai quinze ans et je suis déscolarisée, je ne suis envoyée ni au lycée ni en apprentissage. Les services sociaux paraissent s'en moquer. Aucun éducateur ni aucune assistante sociale ne vient vérifier mon état de santé physique ou psychique ni visiter mon lieu d'accueil et, s'ils l'ont fait, ils ne m'ont pas rencontrée. J'imagine que la secte envoie ses rapports, et raconte ce qui l'arrange. Sa force de conviction est telle que les institutions la croient sur parole. Personne ne pénètre dans les centres. Je n'y ai jamais croisé ni gendarmes, ni services sociaux, ni médecins. Je quitte le centre une journée afin de me rendre à Nîmes, car l'Assistance publique m'a convoquée pour signer des papiers. Je n'ose pas révéler les agissements de la secte. L'influence de Lucien Engelmajer est si forte et si étendue que je crains de ne pas être crue. Je serais alors réexpédiée dans un centre du Patriarche, où l'on me tabasserait à mort pour avoir osé dénoncer le gourou.

Lorsque j'étais petite, Suzanne s'amusait à m'enfermer dans la cave à charbon. Nous habitions à Vallabrègues, la maison était chauffée par un poêle. L'hiver, la cave était glaciale. Personne n'avait envie d'y descendre chercher le charbon. Alors on m'envoyait, moi. Et pour rire, ou pour ne pas me voir, on refermait la porte sitôt que j'étais dans l'escalier, puis on tirait le verrou et on éteignait la lumière. Je restais là, le seau en zinc à la main, seule, dans le noir, terrifiée. La cave était pleine de rats et d'araignées. Je les imaginais me fixant de leur double paire d'yeux, rampant vers moi, s'engouffrant dans mes narines et mes oreilles. Les minutes, les heures s'écoulaient. J'attendais debout, grelottante, n'osant bouger ni m'asseoir de peur de toucher une bête. On m'y a même enfermée le soir de Noël. Le chien avait reçu un poulet en cadeau et moi, on m'avait mise à la cave. Pendant que toute la famille dînait, j'étais figée dans le noir, glacée de froid, attendant qu'on me laisse enfin remonter à la lumière.

Je ressens la même angoisse au Patriarche. Je vis pétrifiée, entourée d'êtres répugnants, prêts à me grignoter de l'intérieur. Je suis impuissante à m'échapper. Je parviens à garder la tête hors de l'eau en gardant les bébés des chefs, dont celui de Mattéo, le premier adjoint de Lucien. On évite de confier son bébé à n'importe qui, surtout à une droguée en manque. J'étais jeune, mais pas toxico, donc jugée plus fiable. En étant nounou, j'échappe aux réunions d'Ovnis et je suis relativement protégée. Au cours de ma vie, j'ai toujours trouvé une issue pour survivre. Si j'avais suivi mon instinct de Capricorne, j'aurais foncé, renouvelé mes tentatives d'évasion ou hurlé ma rage et je me serais fracassée contre un mur.

J'apprends à donner le biberon et à changer des couches. Les sourires des tout-petits sont mon seul rayon de lumière et m'évitent de sombrer. Sans eux, je basculerais dans la folie.

Tromper le diable

La secte me change de région sitôt que je m'attache à un bébé ou qu'il s'attache à moi. Ils agissent de même lorsque des couples se forment entre les résidents. Il faut nous déraciner, nous priver de toute affection. Je suis envoyée dans un centre du Gers, où l'on élève des volailles. C'est le seul endroit où je mangerai des repas convenables. Nous fabriquons des conserves de foie gras, de cassoulet et de confit, et la responsable nous autorise à y goûter. Elle est d'origine arménienne. Elle m'apprend à confectionner des feuilles de vigne farcies. Je me lève à 5 heures pour gaver les oies et les canards. On les nourrit de force en leur versant du grain dans le bec à l'aide d'un entonnoir. Coincées entre mes cuisses, les malheureuses bêtes se débattent et crient. Je déteste cette tâche. L'odeur acide du fumier d'oie est si forte qu'elle me fait vomir. C'est mille fois pire que le lisier de porc.

Après le Gers, je suis envoyée à Montmorillon, Namur, Bruxelles… J'entame un tour d'Europe de l'enfer. Je perds le compte des mois, je suis enfermée dans un tunnel interminable. J'apprends à traire les vaches et à nourrir les chèvres. Les centres de Belgique sont affreux. L'un d'eux est implanté dans un lieu magnifique, un château de conte de fées, mais dont les pièces sont glaciales. J'y connais le pire froid de ma vie. C'est là qu'un homme me viole, encore. J'ai mes règles. Il me pénètre avec une telle bestialité qu'il ne prend pas la peine de m'enlever mon tampon. Celui-ci s'enfonce dans mon vagin. Je manque m'évanouir de douleur. Je me soigne comme je peux, sans médecin. J'ai beaucoup de chance d'avoir été placée au Patriarche avant la période du sida.

En Belgique, l'un des pensionnaires décède brutalement. Tous les résidents doivent assister à l'enterrement. L'ambiance est étrange. Je me rappelle ma robe en vichy noir et blanc et les chants autour de la tombe. Ce décès ne semble attrister personne.

Mon objectif est de gagner la confiance des responsables afin d'être transférée à Paris, où le Patriarche possède ce qu'on appelle un « appart », et dans lequel vivent les pensionnaires les mieux considérés. Dans la capitale, il me sera plus facile de disparaître. La secte dispose également de deux appartements à Toulouse. Le premier est situé dans le centre-ville et sert de bureau de recrutement. On y reçoit les donateurs et l'on y stocke les piles de bulletins et les ouvrages du gourou que nous vendons sur les marchés. Le second appartement héberge des résidents. C'est là que l'on finit par me placer. Je partage une chambre avec trois pensionnaires. L'un d'entre eux, un grand garçon maigre aux cheveux roux et frisés, très gentil et doux, me souffle un soir : « Cathy, tu n'as rien à faire ici. »

Je crois que mon âge a joué en ma faveur, les responsables n'imaginant pas une adolescente de seize ans capable d'une telle résistance psychique. Comme je parais soumise, la surveillance se relâche et on me propose de travailler à l'extérieur, comme apprentie coiffeuse. Mais aucun salon toulousain ne m'accepte. L'ombre du Patriarche, peut-être… alors on m'envoie à Paris, où l'association possède une antenne. Ce sera ma chance.

L'appartement du Patriarche se situe dans un bel immeuble à la façade en pierre ouvragée au cœur du Ve arrondissement. Je reste dans la secte, mais l'ambiance est moins pesante. Je suis sous la responsabilité de Yolande, une ancienne alcoolique, qui vit là avec son mari. Elle est faible, mais ce n'est pas une méchante femme.

Nous sommes en 1983, la date de ma majorité arrive.

— Cathy, me dit-elle, il faut fêter tes dix-huit ans.

— Je n'y tiens pas.

Cet anniversaire m'offre l'espoir de fuir le Patriarche, puisque je quitterai l'autorité de l'Assistance publique, mais j'ai perdu le goût de la fête, moi qui avais été si heureuse, adolescente, de participer à celles organisées à La Providence. Yolande insiste :

— Dix-huit ans, c'est une étape ! On va marquer le coup, d'ailleurs, j'ai une surprise pour toi.

Le lendemain soir, elle me traîne presque de force dans un restaurant du quartier. L'endroit est chaleureux et sans prétention, le patron y sert de la cuisine croate. Si les noms des plats sont imprononçables, leur saveur ensoleillée me rappelle mon Sud natal et me donne le sourire.

Au moment du dessert, Yolande me tend un petit paquet :

— Joyeux anniversaire, Cathy !

J'écarte le papier cadeau et découvre une longue boîte. Elle contient une montre au bracelet bleu marine, la première de ma vie. Son geste me touche. Il y a si longtemps que l'on n'a pas eu d'attention gentille à mon égard !

— Merci, Yolande.

Pour le réveillon, elle nous emmène dans un club de jazz de Saint-Germain. Elle boit comme un trou toute la soirée et rentre pompette. Les cures du Patriarche sont loin d'être aussi efficaces qu'il l'a affirmé à Mme Simone Veil, la ministre de la Santé…

Les pensionnaires des apparts ont le droit de travailler à l'extérieur. La plupart des entreprises dans lesquelles nous sommes placés appartiennent à des soutiens de Lucien Engelmajer. Je commence par un petit boulot dans une boutique, où je vends des sets de table à l'effigie de Titi et de Gros Minet. J'aime le contact, je suis bonne commerciale, mais je m'ennuie. Je veux reprendre mes études de coiffure.

Yolande me présente à Melka Treanton, l'une des nombreuses personnalités séduites par les discours de Lucien Engelmajer. Melka Treanton est américaine. Elle a dirigé *Le Jardin des modes* avant d'entrer chez *Dépêche Mode* en tant que rédactrice en chef et elle est devenue la journaliste la plus influente de Paris. C'est elle qui a découvert, trois ou quatre ans plus tôt, Thierry Mugler et Azzedine Alaïa et les a convaincus d'ouvrir leurs propres maisons de couture. Melka a vu beaucoup de mannequins tomber dans la drogue ; elle est convaincue que le Patriarche aide les camés et lui signe des chèques généreux.

Melka me prend sous son aile avec beaucoup de gentillesse. J'ai de longs cheveux noirs et de grands yeux mais ma silhouette un peu boulotte est éloignée des canons de la mode ; Melka ne se moque pas et m'apprend à choisir de jolis vêtements, elle m'explique le mariage des couleurs et des formes. Le matin, elle vient me chercher à l'appart en limousine et m'emmène sur des shootings organisés pour le magazine. Je découvre un monde secret et stupéfiant. Debout dans un coin du plateau, j'observe, fascinée, les mannequins et les photographes. Des maquilleurs, des habilleuses, des coiffeurs, une foule de personnes vont et viennent, à la fois insouciantes et très affairées.

— Puisque tu veux devenir coiffeuse, me dit Melka, je vais te présenter quelqu'un.

Elle m'emmène dans un salon luxueux, où un homme d'une cinquantaine d'années nous reçoit et l'embrasse. Je me trouve face à Jacques Dessange. Melka me présente. Le maître m'observe derrière ses grosses lunettes.

— Tu as déjà travaillé dans un salon ? s'enquiert-il d'une voix aimable.

— Oui, monsieur.

— Je suis d'accord pour te prendre comme apprentie. Tu seras shampouineuse.

Les mémés de Nîmes réapparaissent dans ma tête et je recule d'un pas.

— Alors non, merci. Ce que j'aime dans la coiffure, monsieur, c'est coiffer.

Mon refus amuse Jacques Dessange.

— Je comprends, dit-il avec bienveillance.

La vérité, c'est que je ne veux pas qu'on m'embauche parce que je suis au Patriarche, ni me sentir redevable de près ou de loin. Je vais chercher une place ailleurs. À dix-huit ans, on ne réfléchit pas à organiser sa carrière. On veut sauter d'un bond sur le podium, dévorer le monde en une bouchée.

Le Patriarche sévira durant vingt-cinq ans et sera une affaire rentable. En 1978, la direction de l'action sanitaire et sociale lui versait cent soixante-quinze francs par jour et par pensionnaire. Avec cinquante pensionnaires à La Boère, le calcul est rapide : Lucien Engelmajer empochait pour ce seul centre près de trois millions sur l'année[1]. Même sortis de cet enfer, il était difficile aux pensionnaires de porter plainte. Les jeunes subissaient des pressions. En tant qu'anciens drogués, ils craignaient d'être méprisés par les autorités. Leurs familles, si elles étaient riches ou influentes, avaient honte d'eux, elles préféraient étouffer le scandale qu'évoquer leur enfant toxicomane. Après la désintoxication des drogués, le Patriarche se lancera dans les centres pour les alcooliques, puis la réinsertion des taulards. Toute personne en situation de faiblesse sera matière à profit. Avec l'accueil de malades du sida, les viols conjugués à l'absence de suivi médical provoqueront un désastre sanitaire et les autorités commenceront à fermer des centres. Je suis convaincue que des pensionnaires y sont décédés dans l'indifférence générale.

Lucien Engelmajer a réussi à s'en sortir comme une fleur malgré deux procès dont l'un pour viols sur mineures. Lorsque ses sous-fifres ont réclamé leur part du gâteau et qu'un premier procès a éclaté en 1998, il s'est enfui au Belize, en Amérique du Sud. Ce salaud n'a pas effectué un seul jour de prison, il est mort dans son lit, à quatre-vingt-six ans.

1. Pour donner un ordre de grandeur, en 1978, le SMIC annuel était de 22 075 francs, selon le ministère du Travail.

Les ministres de la Santé successifs ayant fermé les yeux sur ses exactions n'ont jamais eu à rendre de comptes. Pourtant, dès 1978, soit deux ans avant mon placement par la protection de l'enfance, *Le Monde* et *La Dépêche du Midi* avaient relayé des témoignages de violences et de manipulation mentale. Lucien Engelmajer lui-même le disait : « Il faut d'abord, dès qu'ils entrent ici, casser leur personnalité[1]. »

Des médecins toulousains ayant examiné d'anciens pensionnaires s'étaient alarmés de leur état physique et psychique. Un inspecteur des finances, Pierre Consigny, avait rendu en 1986 un rapport de sept cents pages dans lequel il détaillait les dérives du Patriarche et son système sectaire. Malgré ces signalements et cette mise en garde, Lucien Engelmajer a été soutenu par Jean-Paul Séguéla, l'ex-maire de Bessières, un ancien professeur et doyen de la faculté de médecine de Toulouse et le « monsieur drogue » du ministre de l'Intérieur, Charles Pasqua. Les organismes publics ont continué à confier au Patriarche des jeunes, y compris des mineurs, et l'association recevait encore en 1997 une dotation annuelle du ministère de la Santé de six millions de francs. Il faudra attendre 2006 pour que Lucien Engelmajer soit condamné par le tribunal correctionnel de Toulouse et reconnu coupable d'abus de confiance et de détournement de fonds. Il est mort avant de passer devant la cour d'assises où il était convoqué pour plusieurs viols sur mineures.

Ceux qui sont passés au Patriarche ne l'oublieront jamais. Les visages et les voix de certains responsables sont restés gravés dans ma mémoire : l'Espagnol, le Belge, l'Éjaculateur, Kikka... Je les reconnaîtrais

1. *Le Monde*, article paru le 7 avril 1978.

n'importe où. Le Patriarche m'a infligé le même enfer que ma mère. Il a amputé mon adolescence, il a étouffé la flamme que les éducateurs de La Providence avaient su allumer. J'y ai subi un nombre incalculable de viols collectifs. Mon corps a été détruit. Ma vie de femme a été emplie de peurs et de douleurs. Aujourd'hui, je ne supporte plus d'être embrassée, ni même touchée par un homme. Les traumatismes restent, personne ne sort indemne de tant de barbarie. Cette semaine, en repensant au Patriarche, je me suis couchée toutes les nuits à 3 heures. Je redoutais que des cauchemars m'assaillent sitôt endormie.

Paris, entre ombre et lumière

Je suis embauchée en tant que coiffeuse stagiaire chez Lady Papillote, un salon situé dans le XIIIe arrondissement. L'atmosphère est familiale, nous sommes trois, une apprentie, la patronne et moi. Kinou, la patronne, vit au-dessus du magasin ; c'est un amour de femme, d'une bonne humeur inoxydable. Assises dans leurs fauteuils, les clientes refont le monde, on commente l'interview de la mère de Yannick Noah dans *ELLE* et les photos de Sylvie Vartan dans *Paris Match*. On débat de la coiffure de Tina Turner : faut-il oser le crêpé ou se limiter aux racines décollées et à un volume plus raisonnable ? Françoise Hardy est une habituée ; elle pousse la porte toute souriante, son petit panier au bout du bras, et papote avec la patronne. Elle se contente de rafraîchir sa coupe. Elle rit quand sa voisine de fauteuil lui vante le blond californien.

J'ai une copine, Pauline, rencontrée à l'appart du Patriarche. C'est une vraie droguée. Elle s'est mise en couple avec un garçon de la secte, et ils ont eu un bébé. Après leur passage à l'appart, ils se sont installés dans un studio dans le IXe, mais leur histoire a tourné court et ils ont fini par se séparer.

Pauline élève seule son petit garçon. Elle travaille dans une boutique de photographe. Elle me demande de l'aider en gardant son bébé, d'abord de temps en temps, puis de plus en plus souvent. Je joue la baby-sitter de bon cœur, j'aime les enfants, je suis à l'aise avec eux. Comme avec les animaux, le rapport que j'entretiens avec les tout-petits est heureux, nos relations sont simples, naturelles. Ils ne m'ont jamais blessée. Au Patriarche, les bébés m'ont offert mes rares moments de douceur.

Je deviens très proche de Pauline. Elle aime la musique, comme moi, je traîne chez elle tous les soirs et de fil en aiguille, je m'installe dans son studio. Yolande n'y trouve rien à redire, parce que je reste dans l'œil de la secte, Pauline saura m'empêcher de me plaindre du Patriarche. Je suis tout juste majeure. Pauline a vingt-deux ou vingt-trois ans, elle est presque mon opposée. Très extravertie, fêtarde, elle sort tous les soirs en boîte de nuit et ramène sans cesse des hommes à l'appartement. On peut même dire qu'elle est nymphomane. Quand je lui avoue que j'aimerais me lever sans croiser deux inconnus en slips dans notre minuscule salon-chambre, elle glousse : « Qu'est-ce que tu es coincée, Catherine ! On croirait que tu as quatre-vingts ans ! Détends-toi, fais comme moi, amuse-toi, profite ! »

Jusqu'au jour où constatant son mode de vie et l'état de l'appartement dans lequel elle habite, son ancien compagnon vient lui retirer l'enfant.

Pauline ne se contente pas de sortir et d'avoir une vie sexuelle débridée, elle a repris la drogue. Elle me fait goûter à l'héroïne. J'avais constaté lors de mon séjour au Patriarche le délabrement physique et psychique des drogués. J'aurais dû résister. L'influence de Pauline a été plus forte et a effacé ma méfiance.

Cette première prise déclenche un engrenage qui manque me tuer. Au bout de quelques semaines, je consomme un gramme d'héroïne par jour. Je ne pense plus qu'à ça. Et l'héroïne coûte cher. Au début, bien sûr, on m'a donné les doses puis, dès que j'ai été ferrée, j'ai dû payer. Or, je dispose de très peu d'argent. Kinou, ma patronne, m'invite parfois au restaurant ou me paie un panier de courses, je reçois des pourboires mais pas de véritable salaire et l'aide sociale à l'enfance a interrompu le versement de mes allocations, car je suis devenue majeure.

Comment payer mes doses ? Trouver l'argent devient une obsession. Je commence par me priver de manger, puis je vends tout ce que je peux, mes chaussures, mes vêtements, mon matériel de coiffure, jusqu'au jour où je n'ai plus rien à vendre. Ce soir-là, Pauline me lance :

— Tu as besoin d'argent ? Eh bien, va en chercher. C'est facile à trouver.

Facile… je comprends ce qu'elle sous-entend. Je ne me suis jamais prostituée, mais j'ai besoin de ma dose. J'attrape mon sac, ma veste et je descends dans la rue. Je m'assois sur un banc, dans un coin où traînent d'autres filles, et j'attends.

Au bout d'une demi-heure, une voiture s'arrête devant moi. C'est un beau modèle. Le conducteur baisse la vitre et me fait signe de m'approcher. Il a dépassé la cinquantaine. Des cheveux clairs, l'air très classe. Je me lève et je m'approche de la voiture. Mes jambes tremblent un peu. Il ne s'enquiert pas de mes tarifs. Il demande juste :

— C'est la première fois ?

— Oui.

— Monte.

Lui ou un autre… Je resserre ma veste, contourne la voiture et me glisse sur le siège passager. L'habitacle sent le cuir. L'homme roule une dizaine de minutes avant de se garer au pied d'un immeuble. Il m'introduit dans un petit appartement très propre et plutôt agréable. Je grelotte en examinant le salon d'un œil vague. L'inconnu retire son pardessus et me montre la salle de bains :

— Va te laver. Tu peux prendre le peignoir accroché derrière la porte, il est propre.

Je dois avoir l'air pitoyable. J'obéis. Je me déshabille et me glisse sous l'eau chaude, qui me réchauffe un peu. Manifestement, l'homme vit seul, aucun produit de beauté pour femme ne traîne sur les étagères. Lorsque je sors de la douche, enveloppée dans mon peignoir de Pretty Woman, il m'entraîne vers la chambre.

— Maintenant, couche-toi. Repose-toi, on discutera demain.

Je suis trop sonnée pour avoir peur. Sans comprendre ni réfléchir, je me blottis dans le lit sous les draps blancs. Il y a longtemps que je n'ai pas dormi dans un endroit si propre et doux. Je tombe comme une masse.

Quand je me réveille, le soleil s'est levé. L'inconnu est toujours là, assis dans le salon, occupé à lire le journal. Il m'a préparé un petit déjeuner, un vrai repas de princesse, avec des croissants frais et du jus d'orange. Pendant que je bois mon café et dévore les viennoiseries, il me regarde en silence, puis me dit :

— Je ne connais pas ta vie, je ne sais rien de toi. Mais tu n'es pas faite pour ça, alors ne le fais pas.

Les larmes me montent aux yeux, je cligne des paupières pour les étouffer. Si ma vie peut apparaître comme une succession de catastrophes, j'estime que j'ai toujours eu une chance extraordinaire, celle de rencontrer des personnes bien dont un mot ou un geste m'ont tirée du précipice. Cet homme était l'une d'entre elles et il m'a probablement sauvé la vie. J'ignore son nom, mais je ne l'oublierai jamais. J'aurais pu tomber sur un maquereau, un tueur en série, un pervers, j'ai eu la chance incroyable, ce soir-là, de rencontrer un bon Samaritain. Avec le recul, je me demande si cet homme cherchait réellement une prostituée ou s'il s'était arrêté afin de m'aider. D'autres filles attendaient près de moi sur le trottoir, elles affichaient plus d'assurance et certaines étaient très jolies.

Cette rencontre est un électrochoc. Elle me donne la force de me confier à ma patronne et de lui demander son aide. Elle est la seule adulte digne de confiance que je connaisse. Kinou ignore mon enfance et mon expérience du Patriarche mais elle avait bien remarqué les dernières semaines que j'avais maigri et semblais de plus en plus misérable, je venais de moins en moins au salon. J'avais toujours esquivé ses questions. J'avais mal à la tête, au ventre, je n'avais pas bien dormi, j'avais attrapé une gastro... Assise dans sa petite cuisine, je lâche tout. Pauline, son influence, la drogue, ma peur de sombrer. Kinou me prend dans ses bras et me serre contre elle :

— Je suis là, Cathy. On va voir ce qu'on peut faire, je suis sûre que Patrick aura de bonnes idées.

Patrick, son mari, est policier.

— Évidemment, poursuit-elle en fronçant les sourcils, tu ne peux pas rester chez cette fille. L'urgence est de te trouver un logement.

Patrick se montre d'une efficacité redoutable. Il m'obtient une chambre dans un foyer d'étudiantes tenu par des religieuses. Les symptômes du manque se manifestent durant deux ou trois jours, mais le sevrage est facile car, avec Kinou à mes côtés, je me sens regonflée. Le sentiment de solitude qui m'avait poussée à m'accrocher à Pauline et à la suivre dans ses dérives a disparu, l'héroïne ne m'est plus nécessaire psychologiquement. De toute façon, ce monde-là me mettait mal à l'aise. La drogue est un univers malsain et vide. Quand je me shootais, je n'étais plus en état de parler, penser ou danser. Je me piquais, je m'asseyais et je partais. Et six heures après, je recommençais. La drogue est une destruction mentale et physique totale, elle n'apporte pas la moindre joie. La détresse des familles face à ce naufrage est atroce, elle les tue à petit feu. J'ai envie de dire à ceux qui veulent se droguer : prenez plutôt une corde, le résultat sera identique, mais vous ferez souffrir moins longtemps vos proches.

Patrick tient à démanteler ce réseau de stupéfiants et il cherche des preuves. Il me confie son idée.

— Catherine, tu pourrais m'aider à coincer ces salopards. Il faudrait que tu les pièges en passant par tes anciennes connaissances. Tu fais mine d'être retombée dans la drogue, et d'ici quelques semaines, tu leur expliques que tu souhaites acheter une bonne quantité d'héroïne en leur assurant que tu as l'argent nécessaire.

Patrick m'explique agir tout seul, en misant sur l'effet de surprise. Plusieurs de ses confrères travaillent de cette manière, c'est irrégulier mais quand les résultats sont là, la hiérarchie s'en fiche et les soutient.

— Tu opéreras de façon officieuse. Tu me fais confiance ?

— Évidemment.

Ma patronne a été la première personne à se fier à moi, elle m'a embauchée, m'a nourrie comme une mère (une vraie !), elle m'a gardée même quand je me piquais, elle et son mari m'ont aidée à reprendre pied. Si le plan de Patrick fonctionne, il recevra une promotion ou, au moins, des félicitations de sa hiérarchie. Je me sens si reconnaissante et j'ai si confiance en eux que je suis prête à les suivre n'importe où. Comme à Nîmes, j'accepte de coopérer. Je suis loin d'imaginer les risques que je cours à nouveau.

Mes contacts transmettent ma demande à un gros vendeur. Rendez-vous est fixé dans un appartement. Avec du recul, le stratagème de Patrick semble bancal. Il l'est. Malgré son expérience de flic, Patrick a fait preuve d'autant de naïveté que moi et nous n'avons pas réalisé que notre manœuvre a été éventée. Personne, dans le milieu, n'a cru à mon histoire.

Le jour dit, au petit matin, je me rends seule à l'adresse indiquée. L'appartement est situé à l'étage d'un immeuble d'un quartier plutôt cossu. J'y ai à peine posé le pied que je flaire une odeur de désastre. Les volets sont tirés, la pièce baigne dans la pénombre. Il est trop tard pour reculer, le gars est là, en face de moi. Il est assis sur une chaise, la marchandise posée devant lui, comme dans un film américain. Je m'avance pour lui donner l'argent et prendre le sac, mais il me cloue du regard.

— D'abord, lance-t-il, tu vas tester.

Mon dos se couvre de sueur. Je m'efforce de garder un air détaché et secoue la tête.

— Pas la peine, je te fais confiance.

— Je sais que tu t'enfiles un gramme par jour. Goûte, je te dis.

Hors de question pour moi de prendre le risque de toucher à sa cochonnerie. Je recule vers la porte, mais le type est plus rapide. D'un bond, il se lève et me sonne d'un coup de poing en pleine tête avant de me plaquer contre la table. Il me pique de force un gramme dans le bras. C'est de l'héroïne pure.

La seule chose dont je me souvienne ensuite, c'est d'avoir flotté dans une sorte de tunnel, vers une grande lumière dorée.

Je me réveille sur un lit d'hôpital. Le dealer m'avait jetée sur le trottoir au bas de l'immeuble, après m'avoir rouée de coups pour se défouler et faire passer le message aux flics. Ma chance (encore elle) a été qu'un motard passe et m'aperçoive, gisant sur le bitume. Je devais ressembler à un tas de chiffons. Il m'avait hissée, je ne sais comment, sur son engin et m'avait déposée aux urgences. Avec un gramme d'héroïne dans le sang, j'aurais dû y rester, mais cette fois encore, ce n'était pas mon heure.

Sitôt remise, je n'ai qu'une idée en tête, retrouver cet homme qui m'a sauvé la vie. J'ignore son nom. Je supplie Patrick de m'aider. Le pauvre s'en veut terriblement de m'avoir entraînée dans cette histoire où j'ai manqué mourir et il se renseigne auprès du personnel de garde. On lui décrit mon sauveteur et lui indique la marque de la moto. Il m'apprend que l'inconnu vivrait du côté des Halles. Je pars en quête de l'homme à la moto.

Comme un feu d'artifice

Au début des années 1980, le quartier des Halles est une sorte de Soho à la française. Un centre commercial en verre et en acier a remplacé les vieux bâtiments. Les forts et les tasseurs[1] ont cédé la place à toutes sortes de bandes hautes en couleur. On y va comme on visiterait un endroit exotique. On y rencontre des mordus de rock venus acheter des vinyles anglais et des fans de mode qui font du shopping dans les boutiques branchées. Le soir, à deux rues de là, les fêtards friqués se pressent à l'entrée des Bains-Douches. Le « Trou » est bruyant et bariolé, les skinheads et les rastas se mélangent sur les trottoirs et chacun fait hurler sa musique. Retrouver un homme parmi ces milliers de personnes qui vont et qui viennent, c'est chercher à récupérer une sardine dans la mer. Je slalome entre les joueurs de guitare et les vendeurs de cassettes pirates en demandant aux uns et aux autres :

— Je cherche un motard, grand, âgé d'une quarantaine d'années, la peau couleur caramel. Vous le connaissez ?

1. Les forts portaient les carcasses de boucherie, les tasseurs étaient chargés de former les tas de légumes sur les étals.

— Ma belle, des motards, y en a un paquet !

Je m'obstine, arpentant les alentours du forum durant une semaine. Ma persévérance finit par payer, un habitué me confie qu'il doit s'agir d'un prénommé JM, mais celui-ci reste invisible. Jusqu'au jour où la chance le remet sur mon chemin. Un grand brun à la chevelure crépue sort d'une bouche de métro à l'instant où je m'apprête à y entrer. J'ai meilleure allure que le matin où il m'a emmenée aux urgences, mon visage a perdu ses ecchymoses, je porte un pull bleu nuit, un jean propre et des santiags. Il est vêtu d'un pantalon de cuir et tient à la main un casque de moto rouge et noir. Nos regards se croisent et je sens qu'il me reconnaît. Je comprends en un instant que c'est lui, JM, mon sauveteur. Je n'ai qu'une envie, me jeter dans ses bras et me serrer contre lui en répétant « Merci ». Il s'approche de moi en souriant.

— Je suis heureux de voir que tu vas bien. Je t'offre un verre ?

Comment refuser ? Les bistrots ne manquent pas dans le quartier. Nous nous serrons autour d'une petite table au fond d'un bar et discutons une heure à bâtons rompus. Mon coup de foudre semble partagé, car JM me suggère de nous revoir. Je rentre au foyer ravie, loin d'imaginer à quel point cette rencontre bouleversera mon existence.

Dans la semaine, JM passe me prendre à moto et m'invite à dîner. Il vient d'abord une fois par semaine, puis deux et presque tous les soirs. Du bout de la rue, j'identifie entre mille le ronronnement de sa Kawasaki. Je suis tombée totalement, éperdument amoureuse. Y a-t-il une part de reconnaissance à son égard pour m'avoir sauvé la vie ? Oui, sans doute, mais JM est très différent des hommes que j'ai connus jusqu'alors, il est doux, réservé et calme. Ses yeux en amande sont lumineux. Il approche de la cinquantaine, mais paraît dix ans de moins. J'apprends à le connaître au fil des soirées passées ensemble, qui se prolongent tard dans la nuit. JM est guadeloupéen. Lui aussi est dans le milieu de la drogue, il n'en consomme pas, mais il appartient à un groupe de dealers originaires des îles qui vendent des doses de cocaïne à la sauvette autour du forum. La drogue est dissimulée dans des briquets, une astuce toute bête. Les Halles sont devenues un supermarché de la défonce grâce à la station de métro et de RER, qui les a transformées en emplacement stratégique. Les clients peuvent y accéder des quatre coins de Paris, et les vendeurs, s'éclipser facilement. C'est aux Halles que les Stups réalisent la majorité de leurs arrestations.

JM m'a sauvé la vie et me redonne goût à la vie. Le soir où nous faisons l'amour pour la première fois, je fais ce que tous les hommes ont toujours exigé de moi : je me baisse pour lui pratiquer une fellation. Il me redresse et me serre dans ses bras.

— Non, Cathy, murmure-t-il, ce n'est pas ça, l'amour. Je vais te montrer.

Avec cet homme, je vis enfin une relation normale. Dans mon esprit, je suis vierge, car c'est la première fois que j'ai des rapports consentis et volontaires. Notre vie sexuelle est simple et saine, il n'exige rien et me prend telle que je suis, je me sens aimée et respectée. Il m'appelle « Doudou ». J'ai des papillons dans le ventre lorsque je lui tiens la main ou contemple ses yeux mordorés. Je garde pour moi les traumatismes de mon enfance. S'il en perçoit une partie, il ne me pose aucune question, je n'ai à me justifier de rien. Comme à Kinou, je lui ai dit que j'étais orpheline.

Mentir, occulter ce passé terrible, est ma façon de me protéger et de trouver la force d'avancer.

Je suis libre d'être moi-même, en sécurité, choyée, heureuse, libre. Malgré ses activités illégales, JM possède une noblesse d'âme rare. Il témoigne à mon égard d'une douceur et d'une gentillesse infinies. Il est mon havre. J'ai quitté l'appart du Patriarche, mais je sais que les membres de la secte restent aux aguets. La présence de JM me rassure, car il serait furieux que l'on me maltraite. Les sbires de Lucien Engelmajer n'oseront plus m'approcher.

JM, qui habite à l'hôtel, me propose de m'installer avec lui. Son groupe et lui sont inséparables. Je suis mon amoureux nuit et jour, j'ai trouvé une famille. Les semaines s'écoulent et chaque jour est un feu d'artifice. JM et ses amis partagent mon amour de la musique et de la fête. Paris regorge de clubs antillais cachés en sous-sol dont les pistes ont la taille d'un mouchoir de poche. Tous les habitués se connaissent. On passe en bande de l'un à l'autre et l'on danse jusqu'à l'heure de la fermeture avant d'aller manger des frites et du jambon braisé à 5 heures dans un bistrot. Je découvre la musique antillaise et la cuisine créole. Je retrouve la joie de vivre de mes premières années à La Providence et ce bonheur me semble éternel.

Ce rythme effréné et cette vie d'oiseau de nuit sont mal adaptés à mon travail. Je quitte le salon de coiffure en gardant une grande tendresse pour Kinou mais aucun regret pour le métier. Ce travail n'était pas une vocation, on m'avait poussée là comme on m'aurait envoyée ailleurs.

Je trouve un emploi de serveuse dans un restaurant de fromages, où l'on propose des plateaux de raclette et toutes sortes de fondues. Mon service terminé, je rentre à l'hôtel, j'enfile une robe en lamé et je rejoins JM et je danse, je danse… Je bois des cocktails à l'ananas, je ris et chante toute la nuit.

Nous sommes ensemble depuis quelques mois lorsqu'un grain de sable fait dérailler notre histoire d'amour. Une amie du foyer d'étudiantes est la fille d'un policier. Un jour, naïvement, je lui parle des activités de JM. Elle les rapporte à son père qui réagit comme on peut l'imaginer : il alerte ses collègues de la brigade des Stups. Une équipe effectue une descente à l'hôtel. Nous leur échappons, mais il faut trouver un nouveau logement en catastrophe. JM est furieux, il devient nerveux.

C'est là que je découvre que je suis enceinte. J'ai du retard. À La Providence, j'avais été la dernière à être réglée et mon cycle est anarchique, la disparition de mes règles est courante. JM est plus expérimenté que moi, il a été marié et il a eu des filles, il décrypte les signes d'une grossesse. Un matin, il me regarde et me lance :

— Tu es enceinte, Doudou.

J'ouvre de grands yeux.

— Tu crois ?

— J'en suis sûr. Tu devrais consulter un médecin. Je vais t'accompagner.

Le gynécologue confirme que je suis enceinte de quelques semaines. Passé la stupeur et la peur de n'être pas à la hauteur, l'idée d'être maman me remplit de joie. J'aime les enfants et nous sommes deux dans cette aventure, JM est à mes côtés, il m'aidera à l'élever, ce bébé aura un père et une mère et sera choyé. Je suis persuadée que ce sera un garçon.

JM accepte bien la nouvelle de ma grossesse. Puis il devient jaloux de son frère dont je suis trop proche à son goût. La goutte d'eau arrive lorsqu'il me croise discutant avec la fille qui nous a dénoncés.

Le lendemain, il sort de sa poche une poignée de billets et me les tend.

— Tu dois te débarrasser de ce bébé, Cathy. J'ai pris rendez-vous pour toi chez un spécialiste.

Je me rends à la clinique la mort dans l'âme, et cette fois, je suis seule. Le gynécologue, qui est une femme, m'explique le déroulement de l'intervention. Mais je ne suis pas prête à avorter. Je rentre à l'hôtel sans dire à JM que j'ai gardé le bébé. Je veux me laisser le temps de la réflexion.

Quelques jours après, je prends mes affaires et je m'en vais. Sans un mot. Je sens que quelque chose est cassé entre nous mais je n'ai pas la force de le dire à l'homme que j'aime, seulement celle de le quitter pour garder mon enfant. Il ne me pardonnait pas ce qu'il estime une trahison et moi, je refusais de tuer ce bébé, son bébé. Je l'aimais déjà. Je n'ai jamais revu JM mais il m'est impossible de l'oublier : mon fils est son portrait craché.

J'ai dix-neuf ans et je suis seule. Je veux quitter Paris. Je veux sortir une bonne fois pour toutes du milieu de la drogue et des trafics, je veux être au calme, me retrouver, avoir mon bébé à l'abri. J'appelle mon demi-frère Didier, le seul membre de ma famille avec qui je souhaite renouer contact, car enfant, il avait parfois pitié de moi lorsque Suzanne se livrait à ses sévices.

— Viens à Nîmes, me dit-il, je t'hébergerai.

Avec l'argent que JM m'a donné pour avorter, j'achète un billet pour le Sud. Je monte dans le train en emportant quelques vêtements dans un sac en plastique Tati, peu importe, j'ai mon bébé et je vais refaire ma vie.

Mon frère et sa compagne, Virginie, m'attendent à la gare. Je porte un ensemble orange vif tout neuf, acheté chez Naf Naf, la nouvelle marque à la mode. J'ai toujours porté des vêtements très colorés, une façon d'introduire du soleil et de la lumière dans ma vie, m'expliqueront les psychologues. Dans cette tenue pétaradante, il est impossible de me manquer et mon frère me repère du bout du quai.

Mon expérience avec Melka et mon passage chez Lady Papillote m'ont ouverte à d'autres milieux que celui de Suzanne et Maupin. À la manière dont Didier et Virginie se parlent, je comprends que leur mode de vie est glauque. Virginie est très négligée. À travers les lanières de ses sandales, je distingue des ongles de pied noirs et cassés. Je me demande l'espace d'un instant si je n'ai pas commis une erreur en les rejoignant mais il est trop tard pour reculer.

Mais le sourire de Didier est sans ambiguïté, il est heureux de me revoir.

— Allez, en voiture, princesse ! s'écrie-t-il en jetant mon sac sur la banquette arrière.

Mon frère et sa compagne habitent dans le quartier de Valdegour, qu'on appelle la ZUP Nord. Elle a été créée dans les années 1970 pour accueillir les pieds-noirs, les ouvriers et répondre à l'explosion démographique. Construite sur un plateau à l'ouest de la ville, la ZUP est immense et découpée en deux parties, la ZUP Nord et la ZUP Sud. Les tours et les barres forment une petite ville, elle possède un centre commercial, des écoles, une pharmacie, un commissariat de police. On peut passer toute son existence à la ZUP sans mettre les pieds dans le centre de Nîmes.

Didier m'a proposé de m'accueillir chez lui mais il vit en réalité chez sa belle-mère, avec sa femme, leurs deux filles, sa belle-sœur et le mari de celle-ci. L'appartement est dans un état de saleté inimaginable. Des blattes se promènent dans les toilettes, sur l'évier de la cuisine et dans les placards. Il est impossible de les éradiquer, elles entrent par le vide-ordures et envahissent les pièces.

Très vite, je comprends que l'argent est la seule motivation de la mère de Virginie pour m'accueillir. Ma grossesse apportera de nouvelles allocations dont elle compte récupérer une partie, puisqu'il est convenu que je participe à mes frais d'hébergement. Plus tôt je serai inscrite à la CAF, plus vite les sous arriveront. Virginie prend donc rendez-vous dès mon arrivée pour une prise de sang, afin d'enclencher mon parcours administratif.

Les résultats tombent deux jours plus tard : ils sont négatifs. Je ne suis pas enceinte. Je suis désorientée, partagée entre la déception et le soulagement. Furieuse de voir mes futures allocations s'envoler, la mère de Virginie me met à la porte. Mon frère est presque aussi ennuyé que moi. Au début, il me prête sa voiture pour la nuit. Et puis je finis par dormir dans des parcs, sur des bancs ou à même le gazon. On est en plein été et le soleil brille. La ZUP Nord est devenue un quartier très difficile aujourd'hui, mais en 1985, c'était différent, les agressions restaient rares, personne ne fermait sa voiture à clé. Les habitants avaient de petits moyens, mais on ne risquait rien. Une femme pouvait dormir seule dehors. C'est ce que j'ai fait.

Quand la rosée tombe au petit matin, je me réfugie dans l'église, où le curé m'offre un sandwich. Je ne pense pas un seul instant à lui demander de l'aide ni à frapper à la porte du foyer de La Providence. Je suis pourtant persuadée que les éducateurs m'auraient accueillie ; ils auraient remué ciel et terre pour m'aider à retrouver un logement et un emploi. Mais depuis mon enfance, on m'avait défendu d'évoquer mes souffrances. Cette interdiction reste ancrée en moi, je n'ose me confier à personne.

La journée, j'erre en ville. Les ongles sales, les cheveux gras, sans adresse et sans références, j'ai honte d'entrer dans les cafés et les magasins pour demander un travail. Le soleil tape si fort que mes épaules et mes bras se couvrent de cloques. Ma peau se craquelle. Je dois faire soigner mes brûlures à l'hôpital.

Suzanne habite dans le quartier, mais il est inenvisageable que je lui mendie une aide. Elle s'est remariée à un alcoolique notoire. C'est son troisième mariage et encore une fois, elle a choisi un être abject, un homme qui insulte les voisins et pisse par-dessus la rambarde du balcon. Son oiseau apprivoisé, une espèce de mainate, crie des cochonneries. Il est du même modèle que Maupin.

Nîmes abrite le 2e régiment étranger d'infanterie. Les légionnaires sont nombreux en ville, ils font partie du paysage. Un soir que je dors dans un parc avec Clara, une autre fille, un officier propose de nous héberger chez lui contre paiement en nature. Je n'en suis pas fière mais j'accepte. Quand on vit dehors durant des semaines, on donnerait n'importe quoi pour une douche chaude, du savon et une couette.

Mes règles ne sont pas revenues ; je m'en fiche, j'ai d'autres problèmes et quand on vit dans la rue, les menstruations sont une tracasserie supplémentaire. En être exemptée m'ôte un souci.

Cette période d'errance a duré environ deux mois, mais j'en conserve un souvenir terrible. On imagine que la vie des SDF est plus pénible la nuit. C'est faux. La journée est le moment le plus cruel, parce que je vois les autres aller travailler ou s'asseoir dans les restaurants, je passe devant des boutiques ouvertes dans lesquelles je ne peux pas entrer. Je n'ai de place nulle part.

Mon frère obtient enfin son propre appartement, un grand T4, et me propose une chambre. Avoir un toit sur la tête est un soulagement, mais la cohabitation s'avère compliquée. Mon frère n'est pas soigneux, Virginie encore moins. Leur appartement est crasseux et je semble la seule à m'en inquiéter. En guise de drap housse, Virginie a disposé un simple morceau de papier bulle sur le lit de sa fille. La pauvre petite vomit une nuit et la tache sur le matelas ne sera jamais nettoyée. Les deux enfants ont la tête couverte de poux. Quand mon frère et sa femme ont bu, ils se disputent, les cris et les savates volent dans l'appartement.

L'avenir me sourit sous les traits de Hernando, un officier de la Légion âgé d'une trentaine d'années. Il est séduisant et se montre très attentionné. Sa gentillesse est un baume sur mon cœur brisé. Jour après jour, j'apprends à l'apprécier et je m'attache à lui. Sa sincérité, sa simplicité me touchent. Une vraie relation de couple se dessine. Le jour où il apprend qu'il est muté à Djibouti, il me propose de le suivre. Je dis oui. Je n'ai rien à perdre, au contraire, la perspective de quitter la ZUP et de vivre au bord de la mer aux côtés de mon nouveau fiancé me ravit. Sur une carte, j'ai repéré où se situait la mer Rouge. Son nom me fait rêver, comme celui de Djibouti. J'imagine une ville pleine de palmiers, de soleil, de sable, de maisons blanches et de bateaux oscillant sous le vent chaud.

Devenir mère

Nous avons convenu que je rejoindrai Hernando à Djibouti une fois qu'il sera installé. Il s'occupe des démarches et de mon côté je prépare mon départ. Un matin, je sens un mouvement dans mon ventre. La sensation est étrange, il ne s'agit ni de crampes ni de douleurs, plutôt d'un chatouillis. Virginie me conseille de prendre rendez-vous à l'hôpital. La secrétaire m'annonce quinze jours de délai. Ce phénomène étrange étant indolore, je patiente sans m'inquiéter.

Le jour du rendez-vous arrive. On m'installe dans une salle d'examen pour une échographie pelvienne et je me déshabille. Un interne démarre l'examen puis, sans explication, quitte la pièce. Une infirmière m'emmène dans une autre salle. Mes vêtements renfilés à la hâte, je la suis, affolée.

— Qu'est-ce qui se passe ? Il faut m'opérer ?

— Le médecin arrive, madame, rassurez-vous.

— Est-ce que c'est grave ?

— On dirait que vous êtes enceinte.

Abasourdie, j'attends que le responsable m'examine, persuadée qu'il va me rassurer. Il s'agit d'une erreur, la prise de sang effectuée six mois plus tôt était formelle, je ne suis pas enceinte.

Le chef de service confirme le diagnostic de son jeune collègue. Je suis enceinte de sept mois passés. J'ai l'impression de recevoir un coup de massue sur la tête. Je sautais deux repas sur trois quand je vivais dans la rue et j'ai maigri. Je suis à mille lieues de m'imaginer enceinte.

Le laboratoire d'analyses s'était trompé dans les résultats, peut-être avait-il confondu les prélèvements de deux patientes. Je ne connaîtrai jamais la vérité, je n'ai pas eu la présence d'esprit de porter plainte contre eux. Aujourd'hui, je le ferais très certainement, mais à l'époque je suis sous le choc, mon monde s'écroule. J'ai fait le deuil de ma relation avec JM et de cette grossesse, je ne suis plus du tout prête à être maman. Je construis une nouvelle vie avec un autre homme et je me prépare à m'installer en Afrique !

Ma seconde réaction est de penser : « Si c'est un garçon, ça va, si c'est une fille, je n'en veux pas. » Ai-je peur qu'elle subisse le même enfer que moi ? D'être incapable de la protéger de prédateurs qui la choisiraient comme jouet ?

Je dois annoncer ma grossesse à Hernando. Sa réaction est touchante, il est tout prêt à accepter mon bébé et à s'en occuper, mais pour moi, c'est bien différent. Ce bébé m'a replongée dans le passé. Il m'a ramenée à JM et je ne parviens plus à me projeter avec mon nouvel amoureux. Je comprends qu'il ne m'est plus possible de partir. Je l'annonce à Hernando qui tente de m'en dissuader.

La veille de son départ pour l'Afrique, il me demande à nouveau :

— Cathy, tu es certaine de ton choix ?

— Oui. Je reste ici.

— Je te le jure, je te promets de m'occuper de ce bébé comme si c'était le mien. Nous serions heureux, tous les trois.

Je secoue la tête. Cet enfant est le mien et je tiens à m'en occuper seule. Un peu émue, j'embrasse Hernando en lui souhaitant le meilleur. Je sens, à son pas lent lorsqu'il s'éloigne, qu'il est désolé de ma décision. Sa peine me serre le cœur mais je ne veux pas faire semblant ni me forcer, il mérite un amour total. La vie se forge selon ces choix. Si j'avais suivi cet homme en Afrique, mon avenir aurait été bien différent.

Je suis enceinte de sept mois et demi et je n'ai rien pour accueillir mon bébé, pas une brassière, pas un biberon. J'engage une course contre la montre. Une assistante sociale m'aide à déposer une demande de logement en urgence.

La première chose que j'achète, avant le berceau et la poussette, ce sont deux encyclopédies. Je suis persuadée que ces livres sont essentiels à l'avenir de mon enfant, je veux qu'il s'instruise, qu'il se cultive, qu'il découvre le monde.

Bob naît le 4 décembre. Les contractions débutent à 8 heures, le jour où un employé du service des HLM m'a donné rendez-vous pour visiter un appartement. Didier et Virginie m'emmènent en voiture à la maternité. Ma grossesse a été découverte si tard que je n'ai aucune préparation mentale à mon accouchement. Les infirmières m'installent dans une salle froide, toute seule. Personne ne m'explique rien.

En 1985, la péridurale est une rareté et on ne me la propose pas. Allongée dans la salle de travail, le ventre et les reins transpercés de coups de poignard, je grelotte sous ma chemise en coton. J'ai froid, j'ai mal et j'ai peur. La journée s'étire au fil des contractions. J'avais enduré des douleurs identiques adolescente, lorsque j'avais eu des calculs rénaux en colonie à l'île d'Oléron. À 18 heures, je n'en peux plus. Je hurle : « Je ne veux plus jamais de bébé, ce sera le dernier ! » Je n'ai aucune préférence entre mes deux enfants, je les aime de tout mon être mais je me suis battue pour avoir Bob, du début jusqu'à sa naissance.

J'accouche le soir, à 19 h 55. La nuit est tombée. Bob apparaît et la pièce froide s'illumine, il pèse 3,260 kg, mais c'est un soleil qui éclabousse les murs. Je ne vois plus que lui. Je ressens encore l'émotion qui m'a envahie à l'instant où il est né. En serrant ce petit être contre moi, mon cœur manque exploser. Il est parfait, doux, tiède, cette merveille s'est formée dans mes entrailles pendant neuf mois et je peine à croire que c'est moi qui l'ai conçue. Jamais je n'ai éprouvé de bonheur aussi complet et profond qu'en mettant mes bébés au monde et je pense que je ne vivrai plus d'émotion aussi intense. Une joie à l'état pur.

En contemplant Bob blotti contre ma poitrine, ses doigts minuscules abandonnés sur ma main, je pense à ce que m'a infligé ma mère. Mon incompréhension est totale. Comment peut-on haïr un enfant que l'on a porté et mis au monde ? C'est inconcevable. Ces gens-là sont anormaux. Ma mère n'a jamais été maltraitée. De ses dix-neuf frères et sœurs, elle est la seule à être devenue un monstre, tous les autres sont des hommes et des femmes sérieux, travailleurs, paisibles. Durant des années, j'ai eu honte de mon malheur et me suis sentie coupable. J'avais certainement fait quelque chose pour mériter ces épreuves et si je me faisais pardonner, ma mère m'aimerait enfin. Toute ma vie, j'ai essayé de me rapprocher d'elle, jusqu'au jour où mon fils m'a dit : « Arrête, maman, tu n'as jamais eu de mère, n'essaie pas de t'en inventer une. » Il a raison. Lors de ma dernière conversation avec Suzanne, elle m'a avoué : « Je t'ai prise parce que tu étais heureuse depuis sept ans. Y avait pas de raison. Tu étais ma fille, je faisais bien ce que je voulais de toi. » C'était sa seule explication. « Il n'y avait pas de raison que tu sois heureuse. » Alors elle a décidé de me faire du mal. Pour son plaisir. En entendant ses mots, j'ai revu son visage cinquante ans plus tôt, le jour où elle m'avait enlevée à mes parrain et marraine. Elle n'est même pas folle. C'est un démon. Je suis fière que mon fils soit devenu un bon père. Notre histoire prouve que les drames ne se reproduisent pas inéluctablement. La souffrance n'est pas héréditaire.

Mon frère est le premier à voir Bob. Lui qui a deux filles s'émerveille devant mon petit garçon. « Ma sœur, tu m'as donné un neveu ! », s'écrie-t-il en l'embrassant. Il nous rend visite tous les soirs à la maternité ; il encombre la chambre de peluches et apporte à Bob un camion noir presque aussi gros que lui.

Moi aussi, je suis émerveillée. Je garde les yeux rivés sur mon fils. Les puéricultrices me grondent : « Madame Parodeau, laissez-le dans son berceau, vous lui donnez de mauvaises habitudes ! »

Le reste de la famille nous ignore, bien qu'une de mes tantes soit hospitalisée dans le service d'à côté pour une embolie pulmonaire. Une seule tante passe. Elle jette un regard au berceau et me lance : « Bien, ce n'est pas un Arabe. » Puis elle tourne les talons.

Je rentre à la fin de la semaine chez mon frère, avec Bob. Son petit lit est installé contre le mien. Je suis focalisée sur mon fils : ses mimiques, son odeur, ses yeux immenses qui me fixent. J'adore son air concentré lorsque je lui donne le biberon. Je le regarde dormir pendant des heures. Je m'inquiète du moindre bouton. Je ne prends plus le temps de manger. J'ai perdu cinq kilos durant ma grossesse et mon état s'aggrave. Un matin, j'essaie de prendre Bob dans les bras mais je retombe sur le matelas, trop faible. Mon corps refuse de m'obéir. À 11 heures, étonnée de mon silence, Virginie pousse la porte de ma chambre.

— Qu'est-ce que tu fabriques ? Tu veux passer la journée au lit ?

— Non, je n'arrive plus à bouger.

Je l'entends s'approcher en faisant claquer sa langue. Une brume rouge m'entoure.

— Allons bon ! Tu es fatiguée ?

— Je ne sais pas ce que j'ai, Virginie, je ne vois plus rien.

Paniquée, ma belle-sœur appelle le médecin. La sensation d'être aveugle est effrayante, mais une angoisse bien supérieure me submerge : si je suis malade, qui va s'occuper de mon fils ? Le médecin me fait transporter en ambulance à l'hôpital où l'on me place sous perfusion. Je pèse quarante-cinq kilos. À force de me sous-alimenter, j'ai frôlé la mort.

De retour chez mon frère, je comprends que tenir mon rôle de mère exige que je me nourrisse. Je dois être forte afin de pouvoir élever Bob. La cuisine de l'appartement est d'une telle saleté qu'y entrer me coupe l'appétit. Je me force à manger. Je me sens de plus en plus mal à l'aise dans cette ambiance glauque, si éloignée de ce que je désire pour mon enfant. Comble de l'horreur, un après-midi, Suzanne sonne à la porte. Bob est dans son couffin. Je le prends aussitôt dans les bras et le serre contre moi. Elle le fixe de ses yeux de serpent et me demande :

— Je peux le prendre ?

— Non.

Il en est hors de question. Je refuse que cette femme perverse touche mon bébé, son contact le salirait. Et la connaissant, elle serait capable de le jeter au sol pour le plaisir de me briser le cœur. Je n'ai jamais compris que ma demi-sœur, sachant ce que notre mère avait infligé à ses propres enfants, ait pu lui confier les siens à garder.

Cette visite et ma maladie sont un déclencheur. Je dois à tout prix déménager. Deux étages en dessous de mon frère vit Yolande, une ancienne miss. Elle est mariée à un communiste pur et dur. Elle accepte de nous héberger Bob et moi, le temps que j'obtienne le logement promis par l'assistante sociale. Yolande est un peu fantasque, mais son cœur est gros comme une maison et elle a la fibre maternelle. Elle m'avait dit la semaine précédant mon accouchement : « Tu crois que tu es maman, mais tu le comprendras quand tu auras ton bébé entre les mains. » Elle avait raison. Lorsque mon fils est né, j'ai ressenti un amour inconditionnel, total.

Les services HLM m'appellent au début du mois de février : un appartement s'est libéré. Hormis les vêtements et les affaires de Bob, je possède peu de choses. La solidarité de la cité joue. Les voisins m'aident à m'installer, l'un me donne une table et des chaises, un autre m'offre de la vaisselle, un troisième m'apporte de la viande…

Suzanne possède un petit frigo qu'elle n'utilise pas. Naïvement, Didier lui demande si elle accepte de me le passer. Elle saute sur l'occasion de m'infliger une nouvelle humiliation. « Je donne le frigo à Cacate si elle vient nettoyer mon appartement. » Je suis prête à tout pour m'installer. Serrant les dents, je fais une semaine de ménage chez elle, et il y a de quoi faire ! Elle se plante à côté de moi dans la cuisine et me regarde récurer, un sourire méchant sur le visage. « Mieux que ça, Cacate ! Oublie pas les plinthes ! » Didier, qui sait ce dont sa mère est capable, tient à m'accompagner. Il échouait à lui tenir tête, mais depuis toute petite, il essayait de me protéger dans la mesure de ses moyens. C'était lui qui insistait pour que je l'accompagne à la pêche avec le père Benoît, m'offrant mes rares moments de répit. Jamais il ne m'a frappée ni ne s'est moqué lorsque Suzanne me battait. L'été dernier, il m'a appelée pour s'excuser d'avoir tenté de me violer lorsque j'avais onze ans. Je le lui avais pardonné depuis longtemps. Il vivait (je n'ose pas dire « était élevé ») avec de telles ordures qu'il était inconscient de la gravité de certains actes. À la maison, Suzanne et Maupin me violaient. Pourquoi aurait-il été anormal qu'il le fasse ?

Personne ne m'avait préparée au rôle de mère de famille. Je n'y serais jamais arrivée sans Lola, la voisine de mon frère. Elle a dix ans de plus que moi, deux petits garçons et beaucoup de bon sens. Nous sommes amies. Nombre de relations se volatilisent au premier appel au secours ou au moindre coup de vent rencontré, mais Lola et moi sommes devenues, en quarante ans, des sœurs. La véritable amitié est rare et Lola m'a offert la sienne. Sa vie non plus n'a pas été facile, sans que je lui en parle, elle comprend mes blessures et s'efforce de m'aider à les dépasser. Elle me cadre.

Lola est notre chance à Bob et moi, notre ange gardien. Dès la naissance de mon fils, elle me soutient. Elle m'apprend à gérer un budget, à remplir les formulaires administratifs, à être attentive à mon bébé sans devenir paranoïaque. Je suis une maman angoissée. Le moindre cri de mon fils ou la plus petite toux me met en panique. Lola m'aide à déchiffrer les fièvres et les pleurs et me rassure. Elle se comporte en grande sœur.

Chaque fois que je croise Suzanne dans la rue, elle me lance des bras d'honneur et insulte mon fils. « Petit bâtard ! », hurle-t-elle en crachant devant la poussette quand elle passe devant moi pour aller à l'épicerie du centre commercial acheter son vin en cubi. Sans elle, la vie serait paisible. Je suis restée en bons termes avec Didier et Virginie, je promène Bob au parc avec Lola. Le week-end, quand il fait beau, on prend la voiture et on descend en famille aux Saintes-Maries-de-la-Mer. On grignote des beignets sur la plage et les enfants ramassent des coquillages. Mon fils blotti dans mes bras, je respire l'air iodé. Je caresse le sable du bout des orteils en rêvant que nous nous envolons vers un endroit inondé de musique et de soleil. Un jour, peut-être.

Vers l'indépendance

Bob est âgé de trois ou quatre mois lorsque je reçois un courrier. En le lisant, tout mon corps se met à trembler. C'est une lettre de la DDASS. Une enquête est ouverte afin de s'assurer que je m'occupe de mon fils. On leur a signalé des négligences, mon bébé serait laissé sans surveillance et mal nourri. Je sais que rien de tout cela n'est vrai, mais je suis terrifiée à l'idée qu'on puisse m'enlever mon bébé, le seul être au monde qui compte pour moi. En larmes, je cours chez Lola.

— Je suis sûre que c'est un coup de ta mère, dit-elle.

J'éclate en sanglots.

— Je ne suis pas une mauvaise mère !

L'idée que l'on me suspecte d'être un avatar de Suzanne me rend folle.

— Bien sûr que non, rétorque Lola en me serrant dans ses bras.

— Je ne supporterai pas qu'on me prenne Bob ! S'il disparaît, j'en mourrai !

— Calme-toi, Cathy. Personne ne te prendra ton fils, tout le monde peut témoigner que tu t'en occupes très bien, il suffit de le regarder.

L'enquête dure plusieurs mois. Une assistante sociale me visite une première fois, puis une deuxième. Elle me demande mon emploi du temps. Elle ouvre le frigo. Elle veut voir les couches. « À quelle heure levez-vous votre fils ? Quelle est la marque de lait maternisé ? Combien de fois par semaine lui donnez-vous le bain ? »

Ses questions m'humilient, je réponds en serrant les dents. Bob est bien portant, ses vaccins sont à jour ; ses joues toutes rondes, ses gazouillements et ses sourires prouvent qu'il est serein et en pleine santé. Je suis blanchie. J'ose alors demander qui a effectué ce signalement. À demi-mot, on m'avoue que la dénonciation provient de ma mère et de ma belle-sœur. Mon sang ne fait qu'un tour. Je sonne chez ma voisine :

— Tu peux venir garder mon fils deux heures ?

— Pas de problème.

Je lui confie Bob et je traverse la cité en courant. Je fonce à l'appartement de Virginie. Ma mère y est justement. Je me jette sur elles et les roue de coups. Heureusement pour elles, mon frère arrive.

— Cathy, arrête ! Tu vas les tuer !

— Elles ont voulu m'enlever Bob ! Elles m'ont fait passer pour une mauvaise mère, elles, cette sorcière qui m'a laissée crever de faim et l'autre, là, qui laisse dormir ses filles sur un bout de plastique !

Je hurle, je suis comme possédée. Didier me ceinture.

Le visage en sang, Suzanne et Virginie évitent mon regard. Elles n'ont jamais recommencé. Elles ne portent pas plainte non plus. Elles savent ce qu'elles ont fait. Seule Suzanne, après avoir manqué me tuer, moi, sa propre fille, était capable de me dénoncer pour des maltraitances imaginaires. Une nouvelle manière de me torturer. Son imagination et sa cruauté étaient sans limites. Virginie n'avait pas la méchanceté de sa belle-mère, mais elle était faible et sous sa coupe.

La municipalité construisait de nouveaux immeubles, un peu à l'écart de notre quartier. Je recontacte l'assistante sociale afin de remplir une nouvelle demande de logement. Je veux m'éloigner du cœur de la ZUP et surtout de Suzanne, pour qui la seule façon de me voir, et de me maintenir à portée de sa méchanceté, est de jouer sur ma fibre maternelle. Pour assurer le bien-être de mon fils, j'étais prête à supporter ses perfidies. Elle l'utilise pour me garder entre ses griffes. Par exemple, elle me fixe rendez-vous pour me donner deux paires de chaussures de marche de bébé, un trésor pour moi. Je prends les chaussures et me sauve.

Bob est un enfant facile. Il fait ses nuits très tôt et dort comme un Jésus, on croirait qu'il comprend mes inquiétudes et veut me faciliter la vie. À onze mois, il se tient droit sur ses jambes potelées et effectue ses premiers pas. Je trouve un travail alors qu'il marche à peine. Le Golf de Garons m'embauche en tant que responsable du club house. Je peux travailler du mardi au dimanche grâce à Lola, qui accepte de garder Bob. Elle est une nounou extraordinaire et s'en occupe comme de son propre fils. Elle l'aide à devenir propre, le nourrit de purées maison, et lui fait répéter les mots qu'il bredouille tant bien que mal.

Mon emploi est bien rémunéré et intéressant. Le golf est réputé et très animé, il accueille des compétitions presque tous les week-ends. Le club house se veut une copie miniature de la Maison Blanche. Le cuisinier, sa femme qui vient en extra, et Dédé, le serveur, forment une équipe efficace et soudée. J'accueille les clients le matin et je donne un coup de main en salle à midi. J'apprends à préparer des cocktails et à anticiper les demandes des clients, en surveillant discrètement les tablées.

La solidarité de la ZUP me soutient encore une fois. Jusqu'à ce que je passe mon permis et achète une voiture, un voisin me dépose au golf le matin, en allant au travail. Passer le permis est un défi. J'obtiens la partie théorique la deuxième fois, mais la pratique est plus difficile. Conduire me flanque une peur bleue, je suis crispée derrière mon volant, en apnée. En revanche, je m'amuse beaucoup à apprendre le golf.

Grâce aux conseils de Lola, j'ai appris à gérer mon argent et je parviens à économiser de quoi m'acheter une Alfa Romeo. J'en suis fière, cette voiture prouve que je me débrouille et progresse.

Hernando profite d'une permission pour revenir une semaine à Nîmes et me revoir. En découvrant Bob, il a les larmes aux yeux.

— Regarde son teint mat ! Tu es sûre que ce n'est pas mon fils ? demande-t-il en observant la peau dorée de mon bébé.

Son émotion me touche mais je reste inflexible.

— Tu le sais bien, Hernando.

— Je peux le reconnaître quand même…

— Nous en avons déjà parlé.

Il me prend les mains et plonge ses yeux bruns dans les miens.

— Cathy, je ne peux pas te laisser ici, seule, sans personne pour s'occuper de toi.

— Tout va bien, j'ai mon fils, un travail, et Lola.

Il repart à Djibouti seul.

Je gagnais ma vie, je m'occupais de mon fils, Bob grandissait. J'avais remonté la pente, j'étais sortie des griffes de ma mère. J'avais effacé de mon esprit l'enfer de mon enfance et de mon adolescence. Malgré tout, au fond de moi, certains traumatismes subsistaient. J'étais encore en recherche de mon équilibre.

De certaines réponses, aussi. Mon frère était né d'un premier mariage de Suzanne et avait retrouvé son père, un dénommé Parodeau dont j'ai gardé le nom de famille, puisqu'au moment de ma naissance Suzanne était encore mariée à lui.

— Tu devrais le rencontrer, me dit-il, c'est peut-être aussi le tien.

J'ai des doutes, mais pourquoi pas ? Mon histoire familiale est si floue et embrouillée que toutes les pistes sont à explorer.

Je l'accompagne chez les Parodeau, qui habitent dans une petite commune au bord du Rhône, à la limite de la Drôme et de l'Ardèche. Ils vivotent dans un petit pavillon. Je comprends très vite que cet homme n'est pas mon père, malgré tout, ils se montrent accueillants et s'intéressent à Bob.

Les choses auraient continué paisiblement sans le changement de direction du golf. Le nouveau gérant réduit le personnel et les salaires. Il propose de me garder mais avec un contrat payé au SMIC. Je refuse de signer.

— Je travaille trop dur pour accepter d'être payée au rabais, lui dis-je.

Il hausse les épaules, froisse le document et le jette dans la corbeille à papiers derrière son bureau.

— Alors, je vais me passer de vos services, mademoiselle. Je vous laisse vider votre casier.

Informés de la situation, les Parodeau me proposent de m'installer chez eux. Pourquoi pas ? Cela me permettra d'économiser un loyer, le temps de retrouver un emploi.

Très rapidement, les choses dérapent. Je suis arrivée avec mon fils et mes maigres trésors. Les Parodeau installent mes meubles à leur guise et s'approprient mes affaires.

— Catherine, tu peux nous prêter ta voiture ?

— Oui, bien sûr.

Ma marraine m'a appris à partager et je n'ai jamais été avare. Bientôt, ils ne me demandent plus et utilisent mon véhicule comme s'il leur appartenait. Mes assiettes, mes lampes, mes draps ont trouvé place dans leur maison. C'est l'assistante sociale qui m'alerte lors d'une visite. Je pense qu'il s'agit d'une rencontre de routine, afin de vérifier que je m'occupe bien de Bob. Assise en face de moi à la table de la salle à manger, elle me considère d'un air soucieux et lance enfin :

— Madame Parodeau, vous êtes certaine de vouloir abandonner votre fils ?

Mon cœur manque sortir de ma poitrine. Je balbutie :

— De quoi parlez-vous ?

— C'est ce qu'indiquent les papiers que je vous ai apportés à signer. Vous demandez à confier la garde de votre enfant à M. et Mme Parodeau. Tenez, regardez.

Elle me tend un document que je lis, sidérée. Le couple a rédigé un courrier à ma place, les mots sont inscrits noir sur blanc, sous mes yeux. Ils m'ont attrapée et me ficellent, telle une mouche, dans leur toile. Je me doute qu'ils demandent la garde de Bob non par amour mais, à l'instar de la belle-mère de Didier, pour toucher les allocations.

Je n'ai plus le temps de chercher un poste intéressant, le premier travail venu sera mon salut. Je cours acheter *Le Dauphiné libéré* et j'épluche les petites annonces. Le Simone's, à Valence, recrute des serveuses, « postes à pourvoir dès que possible ». Je ravale ma fierté et j'appelle sur-le-champ. La patronne m'explique les règles. C'est un bar à hôtesses.

— Mais attention, ici les filles ne couchent pas avec les clients. On te demande d'être souriante et de les écouter, c'est tout. Ça te va ?

— Oui.

— Quand peux-tu commencer ?

— Tout de suite. Enfin, le temps d'arriver et de trouver un logement.

— Je connais un proprio correct, je vais lui parler de toi.

Elle m'indique l'adresse d'un appartement, dans le centre-ville et me laisse les coordonnées du propriétaire. Le prix est raisonnable. Je m'installe dans un petit trois pièces, au numéro 26 de la rue Sévigné.

L’envolée

Le chiffre 26 me poursuivra les années suivantes. J’habite au numéro 26, dans le département 26 ; ma fille naîtra un 26, et je rencontre Gilles, mon mari, un 26 mai.

Gilles avait acheté une licence de taxi. Il roule de nuit et la journée, il dirige une petite entreprise de maçonnerie. J’habite à côté de la gare de Valence, près de la station de taxis et je croise ce grand brun presque tous les soirs, comme ses confrères. Nous nous saluons. Ce 26 mai, il m’arrête et entame la conversation. C’est un bel homme aux yeux bleus, grand, large d’épaules, chaleureux et souriant.

Bob a grandi, il est entré en maternelle. C’est un petit garçon très gai, il est curieux, tout l’émerveille. Gilles s’intéresse à lui. À l’heure où il débauche, lorsqu’il nous voit partir à l’école, il lui souhaite une bonne journée. Le week-end, il lui demande s’il a envie d’aller se promener au parc ou de manger une glace. Avec moi, il multiplie les attentions. Il m’emmène faire les courses et, arrivé à la caisse, sort son portefeuille. Je proteste. Il chasse mes scrupules d’un mouvement d’épaules : « Je peux bien faire ça pour toi, je sais que c’est compliqué de s’occuper seule d’un enfant. »

Et c'est vrai que petit à petit, grâce à Gilles, je me sens moins isolée, je sais qu'un ami est là, présent. Le jour où il est appelé pour une longue course, il me demande si je connais la destination et comme je réponds non, il me propose de l'accompagner.

— Ça te fera voir du pays, Cathy.

Bob est à l'école. J'accepte. Je m'installe à côté de Gilles sur le siège passager et j'écoute ses blagues. Le rituel se reproduit. Je prends plaisir à ces moments partagés, seuls dans la voiture, qui m'offrent une parenthèse hors de mon quotidien morne de serveuse et de mes problèmes de chef de famille monoparentale. Même si je suis restée en lien avec Lola, je me sens souvent seule.

Et les discussions bifurquent.

— Tu mérites la belle vie, Cathy jolie.

— Un jour, peut-être…

Il insiste.

— Et si je t'offrais une belle vie, une vie de princesse ?

Je lui jette un regard en coin, je n'y crois pas. « Parole, parole, parole ! »

Mais il est sérieux. Avec sa femme, ça ne va plus depuis un moment, les enfants sont grands, il peut partir. Il veut refaire sa vie. Avec moi.

— Je vais nous trouver une jolie maison avec un jardin, où le petit pourra faire du vélo et jouer au ballon.

Je me frotte les yeux, mes paupières me brûlent. J'aimerais le croire. Le soir où nous nous embrassons, mon cœur palpite. Bob mérite d'avoir un père, un homme présent et attentif. Il est peut-être là, contre moi. Gilles est assez âgé pour mesurer son engagement, il a eu des enfants. Il sait où il va, il est travailleur, posé, sa voix chaude et sa carrure me rassurent.

Hors de question pour moi qu'un homme vienne à la maison. Gilles a déjà rencontré Bob, nous avons chacun notre chambre, mais je ne veux pas que mon fils se réveille de sa sieste et me trouve au lit en compagnie d'un homme. Cela me semble inconvenant et j'aurais le sentiment de suivre l'exemple de Suzanne qui couchait avec tout ce qui passait et ramenait ces hommes à la maison. Gilles réserve une chambre au Novotel. Je songe qu'il veut faire les choses bien et j'attends notre premier moment en amoureux avec impatience.

Quand il vient me chercher, je me sens princesse emportée par son chevalier. La chambre d'hôtel est confortable, ouatée, je me déshabille et me blottis contre lui mais il est étrangement froid. Rien ne se passe. Il me lâche enfin :

— Désolé, ça me bloque.

— Quoi donc ?

— Ça, précise-t-il en désignant ma taille.

Il n'aime que les femmes filiformes et un brin de graisse lui répugne. Impossible de regarder ou toucher « une grosse ». Je suis consternée. J'ai des fesses, des cuisses rondes, des formes, rien de démesuré, mais c'est trop pour lui. Je ravale ma déception et j'essaie de le rassurer.

— Ce n'est pas grave, l'essentiel est d'être ensemble.

Il feint d'acquiescer.

Quelques jours plus tard, il sonne chez moi, tout sourire :

— Viens, j'ai une surprise pour toi !

— Qu'est-ce que c'est ?

— Tu verras bien, petite curieuse.

Intriguée, je m'habille à toute vitesse. Il me fait monter en voiture et quitte Valence.

— Mais où tu m'emmènes ?

— C'est une surprise.

Nous roulons un petit quart d'heure. Après avoir traversé un village, il s'arrête dans un lotissement.

— Regarde !

Du doigt, il désigne une villa au toit rose.

— J'ai trouvé la maison parfaite.

Il a déjà signé le bail.

Le déménagement est rapide, je ne possède pas grand-chose. La maison est située à environ dix minutes de Valence, dans une petite commune calme. Je retrouve la vie à la campagne que j'ai connue durant mon enfance, mais cette fois, les choses sont bien différentes : j'ai un amoureux, une maison et mon trésor, mon Bob, ce n'est pas le luxe mais je ne manque de rien et je possède l'essentiel, l'amour. Gilles passe ses nuits chez sa femme durant les premières semaines, puis il s'installe à la maison.

— Tu n'as qu'à prendre des comprimés pour perdre du poids, lâche-t-il un matin. C'est facile, il suffit d'aller voir le médecin.

Après tout, peut-être a-t-il raison ? Si cela peut le rendre heureux… Il m'emmène chez un généraliste. Ce dernier me prescrit un coupe-faim. En un mois, je fonds à vue d'œil. Gilles est ravi. Les coupe-faim avalés pour maigrir m'empêchent de dormir, alors je prends des somnifères, puis des antidépresseurs, car le coupe-faim me provoque aussi des crises d'angoisse. C'est un effet secondaire dérisoire, l'essentiel est cette nouvelle vie qui commence avec Gilles. Je m'étonne, le matin, de me réveiller contre ce bel homme qui me prend dans ses bras.

De son côté, la séparation avec son épouse est conflictuelle, ses enfants lui en veulent. Un jour, alors que je suis assise à ses côtés, son fils passant à moto nous voit. Furieux, il frappe la vitre du taxi à coups de casque.

Gilles décide de revendre sa licence de taxi pour se consacrer à son entreprise de maçonnerie. Notre liaison fait rapidement le tour du village. Il y est né, il est conseiller municipal et sa famille possède une certaine notoriété dans la région. Il me présente à ses parents et sa sœur. Ses parents m'accueillent à bras ouverts mais sa mère est soucieuse. Gilles vient de fêter ses quarante ans, j'en ai vingt-deux. Je vois que notre différence d'âge l'inquiète. Pour moi, la situation est normale, le père de mon fils avait vingt ans de plus que moi, et parce que j'ai traversé beaucoup d'épreuves, je fréquente peu de jeunes de mon âge. Mon enfance et ma réalité de mère de famille m'ont projetée très tôt hors de l'insouciance. Je recherche des personnes plus expérimentées que moi, aptes à partager mes pensées.

Gilles se montre fou amoureux ; au bal des pompiers, il jette des regards noirs aux hommes qui me regardent ou m'adressent la parole. Sa jalousie ne m'alarme pas, au contraire, elle me touche et me rassure : pour une fois qu'un homme tient à moi !

J'ai quitté mon emploi de serveuse au Simone's et je m'adapte à un autre rythme, celui d'une femme au foyer. Je passe mes journées chez ses parents et je découvre la vie de famille. Ils me traitent comme leur fille et ont adopté de bon cœur Bob. Ce dernier appelle le père de Gilles papi et ils passent des heures ensemble, Bob juché sur le mini-tracteur offert par

Pierre. Marie, sa mère, m'apprend à cuisiner les plats préférés de Gilles. Il est gourmand et je tiens à lui faire plaisir, il travaille si dur ! Alors de mon côté, j'essaie de prendre soin de lui. Une fois mon fils récupéré à l'école, je rentre préparer le repas de mon amoureux.

Marie me confie son secret :

— C'est ma cuisinière à charbon, sur laquelle les plats mijotent des heures. Tu vois, Cathy, ça caramélise les jus, les viandes deviennent fondantes.

Elle possède une foule de tours de main qu'elle me transmet. Je sais cuire un œuf ou un steak mais personne ne m'a appris à cuisiner, c'est-à-dire à mélanger des ingrédients, à choisir des épices, à surveiller les cuissons. Bébé, Bob a été nourri de petits pots achetés en magasin, je n'avais ni le temps ni les compétences pour lui préparer ses purées de légumes. La mère de Gilles m'initie avec patience et je prends goût à la cuisine. J'adore confectionner des lasagnes, des tartes aux fraises et des blanquettes. Le magret de canard flambé au cognac et son gratin dauphinois deviennent ma spécialité. Gilles adore l'ail mais il déteste l'huile d'olive. La Drôme est le plus long département de France. Elle est coupée en deux parties, au sud, c'est le pays de l'olive, la célèbre tanche de Nyons, mais au nord, au-delà de Crest, on cuisine à l'huile de tournesol ou de colza. Gilles y est habitué, cela me désole, moi, la fille du Sud.

Durant ces longues heures partagées ensemble, Marie me raconte sa jeunesse sous l'Occupation et celle de son mari, prisonnier de guerre en Allemagne. Pour moi, qui n'avais écouté aucun cours d'histoire en classe, c'est une séance de rattrapage sur la Seconde Guerre mondiale et je commence à m'intéresser à l'histoire. Je comprends que mon fils et moi appartenons à une chaîne humaine qui nous dépasse, qui a laissé des traces concrètes.

Gilles est un travailleur. Il sait conduire les camions, monter les murets, poser du carrelage, discuter avec le banquier. Son habileté manuelle et son énergie m'impressionnent, je retrouve en lui la débrouillardise de mon parrain. Il a le contact facile, c'est un excellent commercial, et l'entreprise grossit au fil des mois.

Il prépare ses devis à la main mais il a une écriture de cochon et personne ne parvient à les relire. Je lui propose de les taper à la machine, puis d'intégrer officiellement l'entreprise. Les choses sont claires dans ma tête : je suis heureuse de travailler à ses côtés mais je me refuse à le faire sans fiche de paie comme sa femme durant des années.

— C'est une excellente idée, admet Gilles.

À l'instar de toutes les entreprises familiales, mes tâches sont hétéroclites. Je prépare les devis et gère l'organisation pratique. Le vendredi soir, je vérifie l'état des camions et des équipements ; le lundi matin, je m'assure que les équipes disposent du matériel nécessaire pour les chantiers de la semaine. J'accueille les clients, les renseigne et j'ai même appris à conduire un tractopelle ! La variété de ce travail me plaît.

Assez vite, nous embauchons une comptable. Nous remportons des marchés publics auprès de l'hôpital de Valence ou des communes alentour. La société compte bientôt une trentaine de salariés et réalise des chantiers dans tout le département, nous travaillons jusqu'en Ardèche. Malgré tout, l'entreprise reste familiale et l'ambiance est bon enfant. Chaque été, à la fin du mois d'août, nous invitons les équipes à un méchoui géant dans le jardin.

Le divorce de Gilles traîne et vire à la guérilla domestique. Il avait placé son entreprise en faillite afin que la banque saisisse la maison, il ne veut rien laisser à sa femme. Elle refuse de signer les papiers et lui, furieux qu'elle lui résiste, veut sa peau. Son acharnement m'effraie.

— Ce n'est pas un peu exagéré ?

— Elle ne mérite pas un centime ! assène-t-il.

Je préférerais que l'on utilise notre énergie à être heureux et à construire une famille. J'espère donner une petite sœur à Bob mais je suis tellement abîmée de l'intérieur que j'ai du mal à tomber enceinte. Les viols subis au Patriarche m'ont ravagée. Ophélie arrive au bout de deux ans de tentatives. Comme pour son frère, c'est une autre personne qui se rend compte avant moi que je suis enceinte. Une copine passe prendre le café à la maison. Je bâille. Elle m'observe et glisse :

— Tu as l'air crevée en ce moment.

— L'entreprise accapare Gilles, je travaille pas mal pour l'aider.

— Tu dors bien ?

— Oui, oui.

— Rien d'autre ? Tu ne serais pas enceinte ?

— J'ai un petit retard, mais j'en ai souvent.

Elle a un petit sourire entendu.

— À mon avis, tu es enceinte, tu devrais passer à la pharmacie.

Le test affiche deux lignes bleues et grasses. Ivre de joie, je cours rejoindre Gilles sur son chantier, mon test à la main.

L'erreur de diagnostic du laboratoire m'avait privée de ma première grossesse, je me rattrape et je savoure ces huit mois en tête à tête avec mon bébé. Je lui parle, je le caresse, je me demande s'il ressemblera à Gilles, à moi, ou à un mélange de nous deux.

Ma grossesse se déroule à merveille. Gilles est aux petits soins, sa jalousie a disparu. La nouvelle de la naissance a ravi son père qui espère un nouveau petit-fils. Ma belle-mère assure être heureuse pour nous mais de temps en temps, je surprends une fêlure dans sa voix. Une angoisse qui perce. Je me dis qu'elle s'inquiète de l'accouchement : elle connaît les difficultés que nous avons eu à concevoir Ophélie, même si elle en ignore la cause.

La femme de Gilles refuse toujours de divorcer. La pauvre souffre d'un cancer du sein et Gilles l'a laissée sans un sou, elle ne peut même plus chauffer sa maison. C'est le père de Gilles qui lui offre un plein de mazout. Je sens que cette histoire va mal finir. Bien que je sois enceinte de son mari, elle me fait pitié au point que je décide de la rencontrer pour tenter de la raisonner.

— Écoutez, acceptez tout, il va vous mettre sur la paille.

— C'est déjà ce qu'il fait !

— J'ignore jusqu'où il va aller, mais il est fou de rage, il poursuivra la guerre.

— Je n'ai rien à me reprocher et il n'a pas à me traiter de cette façon.

— Je le sais, mais signez le divorce pour vous, pour avoir la paix. Il a trop de haine à votre égard.

Je la quitte sans être parvenue à la convaincre.

Le printemps 1992 arrive et avec lui, notre petite fille. La naissance d'Ophélie est bien différente de celle de Bob, j'ai eu huit mois pour m'y préparer et m'en réjouir. Je n'ai eu aucun souci pour acheter un lit et remplir sa commode de petits vêtements brodés, sa chambre est décorée de grands rideaux blancs et de jolis meubles en bois.

Par sécurité, le gynécologue préfère déclencher l'accouchement. J'entre à la maternité la veille, on m'installe confortablement, Gilles m'a aidée à préparer ma valise, je vais bénéficier d'une péridurale. Ophélie naît le matin, à 8 h 25, elle mesure quarante-huit centimètres, son crâne est orné de cheveux clairs et doux comme des plumes. Un petit bébé en parfaite santé, aussi calme que l'était son frère. Elle fait ses nuits au bout de quelques semaines. Bob est en adoration devant elle. Quand il la contemple allongée dans son berceau, ses yeux brillent.

— Elle est la plus belle du monde, maman !

Ce n'est pas moi qui dirais le contraire.

Mes beaux-parents sont des gens exceptionnels, si chaleureux et bienveillants que je me sens mieux chez eux que chez nous. Il y a une vieille maison en pierre sur le terrain mitoyen, presque en ruine, qui avait appartenu à l'oncle de Gilles. Je décide de l'acquérir et de la rénover. L'arrivée d'Ophélie a renforcé mon besoin d'ancrage, de concevoir un nid pour mes enfants. J'explique à Gilles que nous y serions bien.

— Les enfants auront dix mètres à franchir pour voir leur papi et leur mamie.

Il me lance un sourire un peu condescendant.

— Et comment veux-tu l'acheter ? Tu n'as pas un sou d'économie.

— Je vais demander un prêt.

Grâce à mes fiches de paie, la banque accepte de m'accorder cent mille francs. En apposant ma signature sur l'acte d'achat, une bouffée de joie me met le rose aux joues. J'ai un morceau de terre à moi et c'est mon paradis. Un ruisseau coule au bout du pré et le terrain est assez grand pour bâtir une piscine au-dessus de la maison.

Notre entreprise étant spécialisée dans le gros œuvre, les travaux se mettent en place facilement. Je me lance dans l'organisation du chantier avec enthousiasme et je consacre mes soirées à concevoir l'aménagement intérieur. La cuisine de quarante mètres carrés, dont la double porte-fenêtre s'ouvre sur le jardin, est ma pièce préférée et j'ai prévu d'y installer une immense table en chêne. Les fenêtres resteront nues, afin de laisser entrer la lumière. J'imagine les grandes tablées d'amis les soirs d'été dans le jardin, nos enfants jouer à cache-cache autour du gros tilleul. Cette maison sera celle du bonheur.

Face à Suzanne

Ophélie grandit. Ses prunelles grises ont viré au bleu intense, des yeux hérités de son père, ses cheveux ont foncé et tranchent sur sa peau claire. Elle gazouille et ses sourires m'émerveillent. Quand je la couche dans son petit lit et contemple son visage rose, je me jure de lui offrir la plus belle vie du monde.

Elle est encore bébé lorsque Suzanne a un accident. Elle s'est jetée devant la cavalcade de la feria de Nîmes. La feria est une institution qui réunit tous les habitants autour d'une passion ancestrale, la tauromachie. On boit, on danse et on chante dans les rues pendant une semaine pour célébrer le taureau, le cheval et le savoir-faire des gardians. L'un des moments forts de la feria est l'abrivado, le lâcher de taureaux dans les rues, guidés par les gardiens des manades. La foule crie, applaudit mais se garde bien d'approcher les animaux. Ivre morte, Suzanne s'est ruée au milieu de la rue. Elle a échappé aux sabots des taureaux mais pas à ceux des chevaux lancés au grand trot. Ils lui ont brisé la jambe et la colonne vertébrale. Son taux d'alcool s'est révélé si élevé que les médecins ont dû repousser de vingt-quatre heures son opération. Quatre grammes… de quoi assommer un ours. Toute la ville en parlera.

Suzanne passera un mois à l'hôpital. À l'issue de son séjour, elle a besoin d'un lieu de convalescence. Didier et mes demi-sœurs refusent de l'accueillir, quant à son mari, il est interné pour une énième cure de désintoxication. Je suggère à Gilles de la prendre à la maison. Pour moi, c'est l'opportunité de lui montrer que je suis une bonne fille, de me faire aimer, enfin, et peut-être, de percer les secrets de mon histoire. Je continue à ignorer qui est mon père, et pourquoi Suzanne m'a arrachée à mon parrain et à ma marraine à l'âge de six ans.

Gilles est d'accord, « à la condition qu'elle ne se soûle pas », précise-t-il. Il ramène de l'hôpital une femme vieillie, en fauteuil roulant. Les branches d'un fixateur externe sortent de sa jambe.

J'installe Suzanne dans la chambre de Bob. Son hospitalisation l'a sevrée de ses addictions, elle ne boit ni ne fume plus. Je prends toutefois garde à ne jamais la laisser seule avec les enfants. Gilles se charge d'emmener Bob à l'école le matin et le récupère le soir, tandis que je garde Ophélie.

Mon fils se méfie de sa grand-mère. Il ignore ses agissements passés, mais, avec l'intuition des enfants, il pressent un danger, il perçoit chez elle sa cruauté et en moi, les blessures.

De temps à autre, elle effectue une tentative et l'appelle : « Viens dans mes bras, Bob ! » À chaque fois, il recule, comme face à une bête sauvage, et s'enfuit. Il ne la touchera pas une seule fois durant son séjour.

Je tente de faire parler Suzanne de mon enfance. Je lui demande pourquoi elle a souhaité me récupérer si c'était pour me maltraiter. Pourquoi elle m'a affamée, frappée, humiliée, pourquoi elle m'a privée de joie et d'amour.

— Tu exagères tout, Cacate.

Elle maintient que les viols imposés par Maupin sont un fantasme, puis n'hésite pas à se contredire.

— C'est toi qui le cherchais, en allant le voir dans sa chambre !

Et le lendemain :

— Tu fabules !

C'est là, assise dans la chambre en train de crocheter un napperon, qu'elle me jette :

— Je peux pas t'expliquer pourquoi je te hais. Je t'aime mais je te hais autant, à un point que je voudrais pouvoir te tuer.

C'est comme un coup à l'estomac. Je la fixe, hagarde.

— Mais pourquoi ?

— Je ne peux pas t'expliquer. C'est plus fort que moi. Je sais que je t'aime mais ma haine envers toi est plus forte. C'est comme ça, voilà tout.

La sidération me rend muette. En face de moi, un monstre affirme d'une voix calme vouloir me tuer. Je suis persuadée d'avoir mal entendu. J'insiste :

— Mais je suis ta fille !

— C'est comme ça. Tu ressemblais à ton père.

C'est sa réponse.

Suzanne reste à la maison jusqu'à la fin de sa convalescence. Mon mari va chercher son compagnon dans son centre de désintoxication à Chambéry, récupère Suzanne, et les ramène tous les deux à leur appartement de Nîmes. Nous ne recevons pas un coup de fil ni une carte de remerciement.

Notre nouvelle maison est enfin terminée et nous retrouvons Mallissard. En riant, je l'appelle « la maison

Dallas ». Elle est pleine de lumière et de couleurs. Je l'ai décorée avec amour, en chinant une méridienne bleue, des meubles en merisier et des tapis. Gilles a installé une cheminée au milieu du salon. Mon beau-père nous a offert un salon dont les tons roses et orangés égaient la pièce. J'aime notre chambre et son grand balcon, et le jardin dans lequel Bob et Ophélie pourront construire une cabane. Le bureau, au rez-de-chaussée, deviendra notre chambre lorsque nous serons vieux.

Nous ne sommes séparés de la propriété de mes beaux-parents que par le vieux tilleul planté entre les deux maisons et cette proximité me remplit de bonheur. Pierre et Marie aiment s'occuper des enfants et ces moments partagés me réjouissent. J'espère qu'ils apaiseront les tensions qui affleurent de temps à autre au sein de notre foyer. À la naissance d'Ophélie, Gilles a commencé à devenir nerveux. Ses réactions sont disproportionnées. Un matin, surprenant le chat couché dans le berceau contre notre fille, il saisit le pauvre animal et le jette par la fenêtre. Je mets ce geste sur le compte de la peur. Bob adore sa petite sœur ; il aime la câliner et lui donner le biberon. Chaque fois qu'il la prend dans ses bras, Gilles se crispe.

— Laisse ta sœur tranquille !

— Mais je ne l'embête pas…

— Arrête de la tripoter, ce n'est pas une poupée.

Le divorce n'est toujours pas prononcé. L'entreprise a grandi et Gilles soigne son réseau en sortant beaucoup. Afin d'assurer au mieux mon rôle d'assistante de direction, j'ai suivi des cours d'informatique. J'accompagne mon compagnon à ses dîners avec des fournisseurs et aux soirées données par les institutionnels, mais j'ai parfois l'impression de jouer les potiches. Je suis gênée d'être juste « la femme de ».

Je m'en ouvre à Gilles.

— Je voudrais travailler.

— Mais tu travailles déjà.

— Dans ton entreprise. J'aimerais faire d'autres choses.

— Quoi donc ?

— Je ne sais pas. J'ai beaucoup appris sur le BTP et en secrétariat, je pourrais progresser dans un autre secteur.

— Tu es très bien où tu es.

Je me mordille les lèvres et je promène mon regard autour de moi. La maison est belle, propre, le soleil baigne la pièce. Nos enfants sont gais et en bonne santé. Est-ce que je suis bien ? Oui, sans doute…

C'est à cette période que l'administration me contacte au sujet de Suzanne. Je reçois un courrier demandant le détail de mes revenus afin d'établir le montant d'une pension mensuelle. Je brandis la lettre devant Gilles.

— Lis ça !

Il ricane.

— Suzanne a remarqué lors de son séjour que nous avions de l'argent.

Je suis outrée.

— Le toupet de cette femme ! Elle n'est pas sans ressources, elle touche une allocation de veuvage et vit avec un homme.

— Mais comme la loi l'autorise à te réclamer une pension, elle le fait.

— Il est hors de question de lui donner le moindre centime !

Officiellement, je suis propriétaire d'une entreprise qui tourne bien, Gilles, qui était encore marié, l'avait créée à mon nom. Si Suzanne est prête à tout pour m'exploiter, je refuse de nourrir à nouveau cette femme qui a planifié mon martyre. Je préfère liquider la société et m'inscrire à l'ANPE, le temps que l'orage s'éloigne.

Les relations sont bien différentes avec ma grand-mère maternelle, qui s'installe plusieurs semaines par an chez nous. Je la voyais rarement lorsque j'étais enfant. Avec le recul, je suis persuadée qu'elle désapprouvait les infidélités et la conduite de sa fille, mais lorsqu'elle venait, Suzanne me coiffait, m'enfilait une belle robe et me nourrissait, m'autorisant à m'asseoir avec le reste de la famille.

La vie de mon aïeule est digne d'un roman. D'origine turque, sa propre mère était maquerelle à Marseille et ma grand-mère avait fui un destin tout tracé au bordel en épousant un armateur calabrais âgé de cinquante ans de plus qu'elle. Son mari l'avait laissée veuve jeune. Elle avait eu dix-neuf enfants, dont deux issus du viol de soldats allemands pendant la guerre. C'est une femme ronde et minuscule, au caractère d'acier. Quand elle entre dans une pièce, sa présence et son accent sonore annihilent toutes les personnes présentes. Les gens ont beau lui montrer leur meilleure mine, elle lit en eux à livre ouvert. Elle avait haï Maupin au premier regard et Gilles ne la séduit guère malgré ses sourires. Lui reste très en retrait, il est poli mais elle le gêne. Il la critique, comme Lola et son mari, trouvant leur position sociale trop inférieure à la sienne.

Ma grand-mère observe Gilles et finit par lâcher :

— Je ne comprends pas ce que tu fabriques avec ma petite-fille, vous n'avez rien en commun, tu en profites juste parce qu'elle est jeune et belle.

Le visage de mon mari se fige. Il serre les lèvres et change de conversation.

À la recherche du père

Les anxiolytiques ne suffisent plus à me calmer. J'ai beau en prendre plusieurs fois par jour, des accès d'angoisse me tordent le ventre. Je sais que c'est ma faute, je ne suis pas assez bien pour Gilles, il a raison, je dois l'écouter, changer. Gilles m'a initiée au bon vin en m'emmenant au restaurant. Je commence à ouvrir des bouteilles lorsque je suis seule à la maison. Avec un verre de vin, j'ai un peu moins mal, un peu moins envie de pleurer, je me répète que demain sera un autre jour, tous les couples traversent des crises, Gilles m'a choisie, il m'aime. Je ne me sens en paix qu'avec les enfants. Le samedi, je passe des après-midi entiers dans le lit avec Bob et Ophélie à regarder des cassettes, je connais *Le Roi Lion* par cœur.

Et puis les choses se sont accélérées.

La première fois, ç'a été une paire de claques. Il s'est excusé.

— Pardon, bébé, je ne voulais pas.

Et puis :

— Tu l'as cherché, quand même.

Quelques semaines plus tard, il a recommencé.

Je refuse de croire à cette violence. C'est un dérapage, cela va s'arrêter. Je m'enferme dans une bulle en me gavant de comprimés. La tristesse ne passe pas. Je finis par me confier à mon généraliste. Je lui avoue mon épuisement, mes crises de larmes, le brouillard des cachets dans lequel je me noie.

— Il faut faire une pause, Catherine, prendre soin de vous.

Il me fait admettre au centre psychiatrique du Valmont, à Montéléger. J'arrive à l'hôpital dans un état lamentable, les médecins me placent en cure de sommeil, puis le psychiatre me convoque :

— Montrez-moi vos ordonnances.

— C'est mon mari qui les a.

— Dites-moi ce que vous prenez.

En m'écoutant dévider la longue liste d'anxiolytiques et de somnifères ingurgités du matin au soir, il fronce les sourcils.

— C'est beaucoup… On va rectifier la médication. Et on va se revoir, afin que vous me parliez de vous.

Parler de moi ? Je n'en ai pas l'habitude, jamais je ne me suis retournée sur mon passé. Je raconte. Le psychiatre tire les fils un à un, et je commence à entrevoir les souffrances que j'ai surmontées. J'admets que j'ai vécu l'enfer entre six et douze ans. Pourtant, je doute qu'il y ait un rapport avec ma situation. Et je tais mon séjour au Patriarche, ce cauchemar s'est effacé, du moins, c'est ce que je crois.

Sevrée des médicaments et de l'alcool, je quitte l'hôpital plus lucide, presque en bonne santé. J'ai envie de repartir de zéro. Reprendre le travail, sortir avec Bob et Ophélie, revoir mes amis. Gilles vient me chercher à l'hôpital accompagné des enfants, comme un bon mari, mais il ne supporte pas que je reprenne pied. À la première crise d'angoisse, il me tend le flacon de comprimés.

— Ça te fera du bien.

Et la vague me submerge, à nouveau.

Le lundi 26 décembre 1994 est un lendemain de Noël pas vraiment comme les autres. Gilles et moi sommes sur le canapé et regardons la télévision. Quatre terroristes islamistes séquestrent les passagers et l'équipage d'un Airbus A300. Trois otages ont déjà été tués et la France entière est suspendue depuis quarante-huit heures au dénouement. Les chaînes relaient en boucle les images de l'avion immobilisé sur le tarmac de l'aéroport de Marseille-Marignane, puis l'assaut du GIGN et enfin la libération des passagers terrifiés.

— Ça fait deux jours qu'on nous montre ça, peste Gilles, il n'y a rien d'autre ?

Je saisis la télécommande et zappe de TF1 à M6. Partout, les mêmes images, la tour de contrôle, l'avion, les otages émergeant de la carlingue, les experts qui débattent de la stratégie employée et de ses conséquences. Brusquement, un plateau apparaît sur l'écran. Gilles soupire d'aise.

— Enfin autre chose ! Laisse donc ça.

Un jeune auteur est interviewé au sujet de son travail. Gilles pointe l'écran du doigt.

— Lui, tu devrais le contacter, il a l'air bien.

— Pour quoi faire ?

— Écrire un livre, pardi ! Ton enfance est dingue, Cathy, il faut la raconter.

J'hésite. Je crains d'en être incapable, et que ma vie soit inintéressante. Mon mari insiste. Depuis que je lui ai confié le secret de mon enfance violée et fracassée, il parle d'en écrire un livre.

— Je te le répète depuis des mois, Cathy, il faut raconter ton histoire. Cet homme saura comment faire, c'est son métier, il t'aidera à trouver un éditeur.

Il note le nom de l'écrivain et trouve ses coordonnées. Nous l'appelons quelques semaines après. Mon récit le bouleverse.

— Les gens doivent être informés que ces horreurs existent. Je vais vous accompagner et nous allons écrire ensemble votre histoire, Cathy.

Il contacte Jean-Daniel Belfond, qui partage son point de vue : mon enfance peut être un déclic pour les lecteurs et les aider à voir les drames silencieux qui les entourent. Ainsi est né mon premier livre, *Les Oignons crus*, réédité en poche sous le titre *Et pourtant, tu étais ma maman*.

Gilles était lancé, on ne l'arrêtait plus.

— Tu vois, ça plaît, il faut te faire connaître ! Et révéler qui est ton père.

Il est persuadé que je suis la fille de Jacques Mesrine, le célèbre braqueur abattu par les forces de l'ordre en 1979. Pour lui, cela expliquerait la haine de Suzanne à mon égard, le silence sur mon père et pourquoi il ne s'est jamais manifesté.

— Il ne pouvait pas, pardi, Cathy, il était en cavale et ensuite il est mort.

La réalité est moins rocambolesque, c'est une banale histoire d'adultère qui, sans la noirceur de Suzanne, n'aurait jamais dû transformer ma vie en enfer.

En octobre 1996, TF1 lance un nouveau magazine en *prime time* autour de sujets de société intitulé « Mode de vie ». La première émission est consacrée aux enfants cachés. Gilles appelle la rédaction et leur raconte mon histoire. L'équipe de Béatrice Schönberg descend dans le Gard tourner des images pour le reportage ; mon histoire est présentée à la suite de celles de la fille de Jean-Edern Hallier et de Mazarine Pingeot.

À la différence de ces dernières, j'ignore qui est mon père. J'explique être « une bâtarde » et souhaiter le rencontrer.

Le livre paraît quelques mois après l'émission. Son écriture a fait resurgir des chagrins enfouis mais je refuse de me l'avouer. Je suis une battante, j'ai décidé d'avancer, j'ai reconstruit ma vie, le passé est mort. L'enthousiasme de Gilles me met mal à l'aise, je vis la publication recroquevillée en moi-même comme un escargot au fond de sa coquille. J'étouffe ma détresse sous des verres d'alcool et une bonne dose de comprimés. Gilles ignore mon état. Il est fier qu'on parle de sa femme et qu'elle passe à la télé.

La piste Mesrine a tourné court, évidemment. Je retrouve mon père alors que je n'y crois plus. Lors de son séjour à la maison, Suzanne m'avait avoué une chose importante : elle avait été très amoureuse de mon père. Juste avant moi, elle avait accouché d'un autre enfant, un petit garçon prénommé Yannick, qui était décédé bébé. Je n'ai jamais su de quelle manière. Mes parrain et marraine m'avaient-ils récupérée parce qu'ils craignaient que je ne subisse son sort ? Eux seuls pouvaient répondre à cette question.

— Il suffit de les retrouver, lance mon mari.

Plus facile à dire qu'à faire. Depuis vingt-cinq ans, j'ai perdu tout contact avec eux. J'ai le souvenir d'une tante vivant dans le Sud-Ouest, qui pourra peut-être m'indiquer leur adresse.

L'enquête se révèle complexe. Gilles épluche l'annuaire et passe des week-ends sur la route. Nous identifions la bonne commune et interrogeons les voisins. Mon parrain est décédé mais ma marraine est toujours en vie. Elle habite dans un minuscule appartement et souffre d'une tumeur au cerveau. Nos retrouvailles sont bouleversantes. Ils m'avaient tout donné : l'amour, la soif d'apprendre, la joie de vivre. J'étais leur toute-petite, leur princesse. Une collection de livres pour enfants occupait la grande étagère de leur chambre au-dessus de leur lit. Quand je me réveillais, je me blottissais entre eux et leur réclamais une histoire. Je connaissais par cœur celle des trois petits ours. À force de les entendre et de demander à mon parrain et ma marraine de me montrer les lettres, j'ai su lire avant d'entrer en CP. Je m'endormais sur le canapé devant des westerns, blottie contre le flanc de ma chienne et ils me montaient dans leur lit. Mon parrain avait installé dans le jardin une niche où la chienne n'a jamais dormi, sinon j'y aurais dormi, car elle et moi étions inséparables. Eux, la chienne et moi formions une famille fusionnelle.

Un jour que je rentrais de l'école, ma marraine m'avait lancé :

— Ton parrain t'a préparé une surprise !

Il avait construit une cabane dans ma chambre. J'ai fait la moue.

— Ah non, je veux rester dormir avec vous !

C'était une existence sans nuages. Le jour où une DS beige et une femme aux longs cheveux noirs sont venues me prendre à l'école, l'ouragan a tout emporté. Suzanne a continué à m'appeler « Cacate », pour se moquer : « Tiens, Cacate ! », ricanait-elle en me piquant avec une fourchette. Malgré tout, ces années de bonheur auprès de mon parrain et ma marraine m'ont certainement sauvée. Avoir connu l'amour et le respect durant ma petite enfance m'a donné la force de me battre. Je savais que le bonheur était possible, je l'avais connu, je pouvais le retrouver. Lorsque je souffrais trop, lorsque Suzanne me forçait à manger mes excréments et que Maupin m'obligeait à ramasser des serpents en plein soleil, je m'échappais par la pensée, j'imaginais que j'étais une princesse perdue qui finirait par retrouver son royaume.

Après cette longue période loin l'une de l'autre, le jour où nous nous retrouvons, ma marraine et moi pleurons de joie et de tristesse mêlées. J'ai failli ne pas la reconnaître, la superbe blonde de mes souvenirs s'était métamorphosée en une vieille dame recroquevillée, ridée et fragile. J'ai reconnu sa voix.

— Ma petite chérie, me répète-t-elle en me serrant contre elle, je ne pensais pas te revoir un jour, Dieu soit béni !

Elle me dévoile la vérité : mon père biologique était son fils : elle était donc ma grand-mère. Ma mère était sa voisine de palier. Elle avait vu chez elle une photo de mon père, alors mobilisé en Algérie, et avait décidé qu'elle l'aurait. Elle l'avait séduit lors d'un de ses séjours. Elle était mariée, lui aussi, mais elle s'en fichait. Leur liaison avait duré et elle avait fini par tomber enceinte. Mais entre-temps, mon père avait préféré son épouse. Une rivalité terrible était née entre les deux femmes et il avait choisi de rompre tout contact avec Suzanne.

Se voyant délaissée, ma mère avait essayé de me faire passer mais il faut croire que j'avais déjà le goût de la vie. Je me suis accrochée. Elle avait refusé de me voir après l'accouchement et n'avait pas voulu me donner de prénom. Ce sont les religieuses de la maternité qui m'avaient baptisée Catherine. Voyant Suzanne me délaisser, les parents de mon père m'avaient prise chez eux et dans l'espoir de me préserver, pour m'éloigner d'elle, ils avaient déménagé à Villeneuve-lès-Avignon avant que je marche. Suzanne avait remâché sa vengeance et six ans plus tard, elle était parvenue à me récupérer.

Je suis sous le choc. J'avais donc été élevée par mes grands-parents paternels sans savoir qu'ils l'étaient !

Mon père se rend chaque mercredi chez sa mère et de connivence avec elle, nous décidons de profiter de l'une de ces visites pour le rencontrer. Elle nous avertit de sa venue et Gilles m'accompagne. Je parcours les kilomètres qui me séparent d'Avignon tenaillée par les interrogations. Comment se déroulera notre rencontre ? Sera-t-il heureux de me connaître ? M'aimera-t-il ? Ma grand-mère m'a présenté l'une de mes demi-sœurs, elle m'a acceptée et nous nous entendons bien…

En découvrant dans l'entrée cet homme aux cheveux gris et aux yeux clairs, je suis convaincue qu'il est mon père. Petite fille, j'avais lancé par défi à des camarades de classe : « Mon père, c'est Daniel Guichard ! » Et en effet, il ressemble au chanteur.

— J'ai quelqu'un à te présenter, lui souffle ma grand-mère.

Mon père paraît peu surpris, il savait que j'avais vécu mes premières années chez sa mère et il s'attendait à cette démarche. Physiquement, j'ai pris beaucoup de son côté. Je ressemble davantage à ses filles qu'à Liliane et Christelle.

Il ignorait mon martyre. Il le découvre en lisant mon premier livre et il en est malade. « Si j'avais su, Cathy… », soupire-t-il.

Mon père parlait peu. Il était un homme gentil, très gentil, trop gentil et il craignait les réactions de sa femme. Sa plus grande préoccupation était qu'elle ignore nos rencontres. Elle se défiait de tout ce qui touchait de près ou de loin à Suzanne.

Mon père et ma demi-sœur préparent sa femme à ma venue. Gilles surnomme cette dernière la Mouche parce qu'elle reste collée à son époux. Nous nous apprivoisons peu à peu et nous retrouvons régulièrement. Mon père était retenu dans ses émotions mais je sais qu'il m'aimait. À la fin de sa vie, il souhaitera effectuer un test de paternité. La Mouche s'y opposera avec énergie, refusant toute reconnaissance. Peu m'importe, l'essentiel est d'avoir partagé des moments avec lui et de l'avoir entendu me dire qu'il m'aimait.

Vers le précipice

Au moment d'officialiser enfin son divorce, Gilles m'explique :

— Cathy, tu dois vendre la maison, sinon mon ex va en réclamer la moitié.

— Impossible, la maison est à mon nom.

— Je sais, ma chérie, mais je suis ton garant auprès de la banque.

— Mais c'est moi qui ai souscrit le prêt, je paie la maison avec mon salaire !

— Nous vivons ensemble, elle va prouver que les remboursements proviennent de notre argent à tous les deux, et elle va demander sa part.

Comme je reste incrédule, il demande au notaire de corroborer ses dires. Quitter le nid que j'ai aménagé avec tant d'amour, à côté de chez mes beaux-parents, me crève le cœur. Le notaire m'appelle et me confirme les assertions de Gilles. Celui-ci est marié sous le régime de la communauté de biens, son épouse a droit à la moitié de tout, acquis ou dettes. La mort dans l'âme, je mets en vente la maison dont j'avais dessiné les plans et suivi la rénovation en étant persuadée d'y vieillir. Et la présence de Pierre et Marie, que je vois tous les jours, m'est devenue essentielle.

Ma belle-mère tente de me consoler.

— Nous serons à quelques kilomètres, vous viendrez nous voir.

Oui, mais ce sera différent, nous le savons toutes les deux.

Nous nous installons à Montéléger. Les choses vont très mal entre Gilles et moi. Les excuses se sont espacées, les claques se sont rapprochées, elles se transforment en coups de poing et en coups de pied. Gilles atteint la cinquantaine ; son crâne se dégarnit et l'idée de vieillir le terrorise. Lui qui était si pressé que je retrouve la ligne après la naissance d'Ophélie me trouve trop coquette. Ses critiques se font de plus en plus acerbes. Avec le produit de la vente de la maison, j'ai ouvert à Valence un magasin de vêtements et de décoration en franchise en face du palais de justice. Pour Gilles, c'est un caprice.

— Tu veux faire la belle avec ta boutique, ça ne marchera pas.

Je me défends.

— Tu disais que j'avais du goût, que je m'habillais bien…

— Ma pauvre, il ne suffit pas de savoir se peinturlurer la figure ou enfiler une mini-jupe pour gérer un commerce.

— Mais j'ai travaillé des années dans l'entreprise, je sais comment fonctionne une comptabilité.

— Ça n'a rien à voir ! L'entreprise marche parce que je suis là et que je connais le boulot.

Il me dénigre, il dénigre Bob, avec qui les relations se tendent. Gilles supporte mal mon fils et le houspille sans cesse. C'est vrai que ce n'est pas le sien, bien qu'il l'ait reconnu.

Je m'accroche à l'une de mes passions, l'équitation. Nous avons acheté un pur-sang, Veinard, et les enfants partagent ma ferveur. Ophélie grandit avec les chevaux. Elle les comprend d'un regard, anticipe leurs réactions. Elle obtiendra tous ses galops et, adulte, deviendra mordue au point de faire ses courses à cheval, quitte à laisser du crottin sur les places de parking du supermarché !

Les enfants me trouvent parfois au lit lorsqu'ils rentrent de l'école. Mon corps est si endolori que je suis incapable de marcher. Gilles me frappe lorsque les enfants sont en classe ou dans leur chambre, et je tente de les préserver. Ophélie passe de plus en plus de temps chez mes beaux-parents. Bob voit bien que je vais mal. J'ai maigri, j'alterne des périodes d'activité intensive, au cours desquelles je m'accroche à l'espoir de retrouver la douceur de nos premières années de couple, avec des journées d'abattement, recroquevillée dans mon lit.

— Tu as l'air triste, maman, s'inquiète mon fils.

— Ce n'est rien, mon chéri, juste un petit souci.

Pour échapper aux reproches incessants et aux coups, il m'arrive de préférer dormir à la boutique, mais ce ne sont que quelques heures de répit. Je me réfugie à trois reprises chez John, un ami anesthésiste et un autre jour à Nîmes. Chaque fois, Gilles vient m'amadouer et je rentre à la maison, à cause des enfants. J'ai besoin d'eux et ils ont besoin de moi.

Un soir, revenant d'un dîner chez sa sœur, Gilles me frappe. Je ne me rappelle plus pourquoi. Je me souviens juste que nous sommes dans la voiture, et que je ne peux pas m'échapper. Ma tête ballotte contre la vitre froide, je crains qu'il ne me jette au bord de la route, mais non, il continue jusqu'à la maison. Sitôt rentrés, il repart en claquant la porte. Ses cris ont réveillé les enfants. Je me blottis dans le lit avec eux, nous tremblons tous les trois de tous nos membres. « Pourvu qu'il ne revienne pas, maman », murmure mon fils. Mais il revient.

J'ai un accrochage en voiture. Rien de dramatique mais la carrosserie est abîmée, Gilles va être furieux. Je ne sais pas comment le lui avouer. Finalement, j'ai une idée. Je m'enferme dans les toilettes.

— Gilles, j'ai quelque chose à te dire.

Ramassée derrière la porte, je souffle que j'ai eu un accident.

— Pas grave, hein, la peinture est juste éraflée…

— Qu'est-ce que tu as fait, ENCORE ? Tu as bousillé la voiture, alors que je me crève le cul pour t'offrir le meilleur ? Mais c'est pas possible, tu ne sais même pas conduire convenablement !

Je sanglote seule sur le carrelage froid, épouvantée par ses hurlements.

Le père de Gilles meurt en 1996, sa mère un an et demi après. Leur décès me bouleverse. Je perds des parents de substitution, la famille dont j'avais été privée ; Gilles, lui, perd ses repères. Il boit, alors qu'il ne tient pas l'alcool. Lui qui n'a jamais fumé s'achète des cigares. Sa paranoïa s'accentue. Un soir, en rentrant, je trouve un couteau de cuisine planté dans une photo de moi accrochée au mur.

Peu de temps avant la disparition de ma belle-mère, je m'enfuis à Paris. Assise dans ma chambre d'hôtel, j'essaie de comprendre comment nous en sommes arrivés là et quelle issue il nous reste.

C'est là que Gilles me demande en mariage. J'hésite. Trop de choses sont confuses entre nous. Il insiste. Il veut prendre soin de moi, il m'aime, je suis déjà sa femme depuis longtemps dans son cœur, s'il lui arrive malheur, il me saura à l'abri, il y tient. Je finis par céder, afin d'offrir un nom commun à mon fils et ma fille. Je m'accroche à l'existence de notre famille.

Je me marie en tailleur. Pas d'alliance, je choisis une bague avec un solitaire. Presque une bague de fiançailles, comme si je refusais de franchir le pas.

Nous nous unissons à la mairie de Mallissard le 28 février 1997. Lola et son mari sont mes témoins. Ils sont montés de Nîmes pour assister à la cérémonie mais le cœur n'y est pas. Les yeux de Lola sont inquiets.

— Tu vas bien, ma Cathy ?

— Mais oui, tout va bien.

Rien ne va plus, elle le sait, mais j'utilise mes dernières forces pour lui mentir.

Nos trois dernières années de vie commune sont une dégringolade sans fin. Gilles, qui apparaissait au début de notre relation comme le conjoint idéal, ne parvient plus à masquer son attitude, y compris en public. L'atmosphère devient irrespirable. La comptable de l'entreprise ne supporte plus de travailler au milieu de cette violence. Un matin, ne me voyant pas au bureau, elle appelle à la maison. Le téléphone sonne dans le vide. Inquiète de mon silence, elle prend la voiture et entre chez nous avec sa clé. Elle me découvre alitée, hagarde.

— Cathy, qu'est-ce qui se passe ?

— Je suis épuisée. Je suis incapable de me lever.

— Où est Gilles ?

— Il est parti travailler.

— Tu es livide ! Il a appelé le docteur ?

Les larmes me montent aux yeux.
— Non.
Elle appelle le médecin, qui me fait hospitaliser. Ma tension est au plus bas. Mon corps me lâche, il crie au secours et je refuse de l'entendre. La comptable finit par démissionner.

Je suis une pharmacie ambulante. Lorsque je pleure, ou que je crie, mon mari me tend les cachets : « Tu prends ça, ça et ça. » Il me fait gober du Lexomyl par poignées, j'avale jusqu'à trente cachets par jour. Sa jalousie s'accentue. Il épie chacun de mes gestes et de mes déplacements dans les détails. Si les téléphones portables avaient existé, il m'aurait pistée comme une souris avec une application ou aurait installé une puce GPS sur ma voiture. Il feint de partir travailler le matin et une heure après, il surgit dans la cuisine ou le salon :
— Tu fais quoi, là ? Tu n'es pas au travail ?
— On est lundi, je fais la lessive.
— Menteuse, tu attends quelqu'un. Qui c'est ? Je le connais ?
Il y a bien longtemps qu'il ne me demande plus si j'ai envie de faire l'amour, il me prend et je le laisse s'allonger sur moi, inerte comme une poupée de chiffon, subissant la brutalité de ce corps qui me blesse. Il n'y a plus aucune tendresse dans ses gestes.
En 1999, nous retournons à Mallissard. L'entreprise va mal. Gilles passe de moins en moins de temps sur les chantiers et ne prospecte plus. Je n'ai plus la force de travailler. Les nuits blanches s'enchaînent. Allongée dans le noir à côté de Gilles, je suis incapable de fermer les yeux. J'avais pris des cours de peinture, mes bouffées d'air. J'avais essayé l'aquarelle, le fusain. J'avais réalisé des natures mortes, et une série d'aquarelles sur

la tauromachie. J'avais participé à une exposition où j'avais remporté le premier prix. J'ai vendu quelques tableaux mais la plupart, je les ai offerts. J'aurais aimé m'inscrire aux Beaux-Arts, mais Gilles trouvait l'idée ridicule. Alors, je me lève, je descends à l'atelier et je peins. Les pinceaux glissent sur la toile en chuintant et les couleurs se mêlent. Du carmin, de l'orange, du noir. Une tête de taureau se dessine, je la rehausse de paillettes d'or. Dans ses yeux sombres, je fixe ma souffrance. La peinture me sauve de la folie.

J'enchaîne les allers-retours au service psychiatrique de Montéléger. J'y effectue deux séjours au cours de l'année 1999, à chaque fois pour une période de deux mois. Le processus se répète de façon immuable. Le but de Gilles est clair : me faire passer pour une malade mentale. Il a de nombreuses relations, il fréquente le président de la chambre de commerce et d'industrie, un grand patron d'assurances, le directeur des Impôts, les gendarmes, il leur raconte ce qu'il veut. Je finis par me croire malade moi-même, je ne me trouve plus crédible.

Après ma dernière hospitalisation au printemps 2000, je suis à bout. J'entends le médecin souffler à Gilles :

— C'est fini, elle est partie trop loin, on ne peut plus la récupérer.

Je cherche un mouchoir pour essuyer mes larmes. Je baisse les yeux et la maigreur de mes jambes me saisit. J'ai encore perdu du poids. Un tremblement continuel agite mes mains. Je me lève et vais à la salle de bains. Le miroir me renvoie l'image d'un visage décharné aux yeux morts, entouré de longues mèches noires. Une vieille dame de trente-quatre ans. J'ai un sursaut. Je suis en train de crever à petit feu, de médicaments, de peur, de désespoir et je ne veux pas mourir. En me poussant à vendre la maison, Gilles avait tenté de me mettre à sa merci : je ne possédais plus rien. Il était déjà dans le calcul et je ne l'avais pas compris. Ensuite, il m'avait attachée avec les médicaments, me rendant dépendante dans tous les sens du terme. Il me restait une seule issue.

Je me jette à l'eau la semaine suivante, après le dîner. Les enfants se sont brossé les dents, ils sont dans leur chambre.

— Gilles, je veux divorcer.

En percevant ma propre voix, il me semble entendre une étrangère parler. Jamais je n'aurais imaginé prononcer cette phrase, mais quitter Gilles est la seule façon de sauver ma peau.

Ses yeux bleus se transforment en deux flaques noires. Il s'approche de moi, je recule en rentrant la tête dans les épaules. Je poursuis :

— Je trouverai un petit appartement. Tu gardes la maison et les enfants si tu veux, je les verrai le week-end.

Je pense l'amadouer, lui prouver que je ne suis pas une ennemie. L'essentiel est de fuir, une fois à l'abri, je pourrai consulter un avocat, je trouverai bien le moyen de récupérer Bob et Ophélie. Il ricane :

— Tu n'obtiendras jamais la garde des enfants, tu passes ta vie en HP, tu es folle.

Il me saisit par l'épaule et siffle :

— Tu ne partiras pas, jamais. Je préfère te tuer, tu m'entends ? Je tuerai ton fils, devant tes yeux, et puis toi ensuite.

Gilles réitère ses menaces les jours suivants. Un soir, il attrape Bob par les cheveux et me lance :

— Rappelle-toi. Lui d'abord, et toi après.

Je n'ai plus qu'une obsession : partir.

Le 2 mai, j'ai convaincu deux couples d'amis de venir prendre l'apéritif. Depuis des mois, je m'applique à provoquer le maximum de passage à la maison, tant j'ai peur. Une protection illusoire, je ne fais que reculer l'échéance, sitôt que nous sommes seuls, il me frappe plus violemment encore. Comme Suzanne, qui se vengeait de mes escapades à la pêche. Nos amis nous évitent, et je les comprends, Gilles, l'amoureux parfait, ne parvient plus à maîtriser sa violence en public et l'atmosphère de la maison est irrespirable.

Nos amis arrivent vers 19 heures. Mon mari est sur un chantier ou au bureau. La soirée est douce et nous nous installons sur la terrasse. Je prépare des assiettes de chips et de mini-saucisses roulées dans une pâte feuilletée, que je sers avec des cocktails. Lorsque j'entends la voiture de Gilles remonter l'allée, je me pétrifie. Il y a du monde, je dois saisir ma chance, cette nuit, je serai seule et demain, il sera peut-être trop tard. Rassemblant mon courage, je chuchote à mes invités :

— S'il vous plaît, aidez-moi, je suis en danger, je veux partir. Gilles refuse que je le quitte mais je n'en peux plus, occupez-le le temps que je me sauve…

J'ai l'air d'une folle, ou peut-être est-ce lui, mais ils ont tellement peur qu'ils font mine de n'avoir rien entendu.

Gilles est là.

— Cathy !

Il m'attrape dans le couloir :

— Pourquoi tu as invité des gens ?

— Je pensais te faire plaisir…

— Me prends pas pour un con.

Une gifle manque m'écraser contre le mur. Je saisis les clés de la XM posées sur un meuble et m'élance vers le jardin, Gilles se jette à mes trousses, vociférant. J'ouvre la voiture, je mets le contact. Avant que j'aie le temps de démarrer, il ouvre la portière, me saisit par les cheveux et me tire hors du véhicule. Il me traîne sur les graviers et le long des marches, jusqu'à l'intérieur de la maison. Son visage est déformé par la rage. Si nous étions seuls, il m'étranglerait, ou me tuerait à coups de pied, c'est sûr.

— Je t'ai dit : tu restes avec moi !

Ma tête heurte le carrelage. La douleur me coupe le souffle. Sûr de m'avoir matée, il m'abandonne sur le sol de l'entrée. Je me rappelle avoir aperçu le fusil dans la chambre. Je me relève et cours à l'étage, aussi vite que je peux. Je ne sens plus les meurtrissures sur mes hanches et mes jambes, ma peau en feu déchirée par les cailloux. Le fusil est là, sur une étagère, derrière la porte. Je me mets sur la pointe des pieds et le saisis en tremblant, en me répétant : « Avec ça, il va me laisser partir. Il va penser que je l'ai chargé, il va avoir peur et me laisser partir. » Je ne pense qu'à ça.

Gilles a rejoint nos amis sur la terrasse et il parle, comme si je n'existais pas. Tenant le fusil à deux mains, je me poste face à lui :

— Je m'en vais, tu ne m'empêcheras pas de partir.

J'ai calé le fusil contre ma hanche. Les yeux de Gilles s'agrandissent, il se lève d'un bond et tend le bras, je recule. Il n'a pas le temps de parler. La détonation résonne dans tous mes os. Gilles tournoie sur lui-même et s'affaisse comme un pantin.

L'image atroce se grave en moi, sa langue qui sort et une mare de sang. Dans les films, la balle forme un trou net, dans la réalité, ce n'est pas propre, le ventre de Gilles a explosé, la chair déchiquetée forme une bouillie à l'aspect gluant.

Je lâche le fusil.

Un monde à part

Le 2 mai 2000, à 20 heures, je me retrouve meurtrière de mon époux. Je l'ai abattu d'un coup de fusil. L'odeur du sang est restée en moi. J'ignore comment font les gens qui tuent de sang-froid. Tuer est traumatisant : cette senteur âcre, la texture poisseuse, ce creux dans sa chair et ses yeux qui se voilent, c'est une horreur. Jamais je n'aurais pu provoquer ce drame de façon délibérée.

Je me précipite sur Gilles et je hurle, les mains pleines de sang. Mon fils surgit, il me tire en arrière et me serre dans ses bras.

— T'inquiète pas, je serai toujours là pour toi, maman, je te protégerai.

Plus tard, il m'avouera qu'en entendant le coup de fusil il avait cru me trouver morte. « Quand j'ai vu que c'était lui qui était par terre, j'étais content. »

Du monde arrive. Les gendarmes, le procureur, des hommes en blanc. La mairesse est là avec son mari médecin… On m'emmène.

Je suis placée en garde à vue à la gendarmerie de Chabeuil. Les gendarmes me connaissent, Mallissard compte à peine trois mille habitants et le colonel de gendarmerie a été mon professeur de peinture. Ils m'avertissent :

— Attention, dis-nous la vérité. Si tu mens, la balistique le prouvera.

Je suis trop terrifiée par la mort de Gilles pour penser à mentir.

— Tu as chargé le fusil ?

— Non, j'ignorais même qu'il y avait des balles dedans !

— Tu savais qu'il était chargé ? Tu savais que ton mari gardait des cartouches ?

— Mais non, je vous jure que non !

Mes jambes tremblent, je pleure. Je suis dans un tel état de nerfs que les enquêteurs appellent le médecin. Il m'injecte un calmant afin que je dorme.

Les gendarmes m'affirment que Gilles est mort sur le coup. Il a reçu une balle en plein ventre, l'arme est un fusil à gros gibier et le coup a touché une artère.

Je suis présentée au juge le 4 mai. Il hésite à m'incarcérer. J'insiste.

— J'ai tué mon mari, je dois aller en prison.

— Maître, répète-t-il, raisonnez votre cliente, sa place n'est pas en prison mais à l'hôpital.

Je suis trop choquée par mon acte pour l'écouter, je tiens à être incarcérée. Je suis une criminelle et ma place est en prison. Mon avocat, un jeune commis d'office, est trop inexpérimenté pour parvenir à me raisonner.

Ophélie et Bob ont été récupérés par les services de protection de l'enfance et placés en urgence dans un foyer. Je supplie le juge de les laisser ensemble malgré leurs sept ans d'écart, Ophélie est si petite, elle n'a pas encore huit ans.

— J'entends votre demande, je ferai le maximum, madame.

La vie s'arrête à nouveau.

Impossible de me rappeler si je suis arrivée en prison un matin, un après-midi ou un soir, mes premiers jours de détention restent flous. Les piqûres du médecin et le choc m'ont transformée en une loque tenant à peine debout. Mes cheveux sont pleins de sang, j'ai encore du sang sous les ongles. Un ami qui aura accès au dossier me racontera que je porte un pantalon avec un imprimé camouflage, que je dois retirer à mon entrée à la maison d'arrêt, les tenues de style militaire étant interdites aux détenus. On me donne un bas de jogging.

On m'envoie à l'infirmerie puis à la douche ; j'entre dans la cellule, je m'allonge sur la couchette et je tombe comme une masse. Je dors puis je vois mon mari. Il est là, assis à côté de moi, et il me parle. Il me chuchote : « Méfie-toi de la Mouche, empêche les enfants d'être séparés. » Quand j'entends la porte s'ouvrir, je crie à la gardienne : « Laissez-moi tranquille, vous voyez bien que je suis avec mon mari ! » Je revois Gilles toutes les nuits, jusqu'à son enterrement. Les visions s'arrêtent la veille de ce jour-là.

Je n'assiste pas à la cérémonie. Je suis dans un état semi-comateux. Convaincue que je ne reverrais plus mes enfants, je refuse de m'alimenter et tente de me suicider en me tailladant les poignets. Il me faudra du temps pour accepter d'avoir commis cet acte.

Je suis tellement apathique que l'administration me transfère à Montluc, à Lyon, soi-disant pour être hospitalisée. Le fourgon pénitentiaire passe devant la prison des hommes et j'entrevois une vision de cauchemar : un mur immense et des mains osseuses accrochées aux barreaux.

Le quartier des femmes est resté dans le bâtiment historique, au cœur de Lyon. Montluc est célèbre pour avoir abrité pendant la Seconde Guerre mondiale les geôles de la Gestapo et les salles de torture de Klaus Barbie. On dirait que l'enfer s'est infiltré dans les murs. Nous sommes près de soixante-dix détenues entassées pour une trentaine de places, et au-delà des conditions de vie, l'ambiance est effroyable. La plupart des filles incarcérées n'ont rien à perdre. Je ne verrai pas l'hôpital mais je rencontre le pire de l'humanité : Jamila, la tueuse de l'affaire Belkacem, qui a empoisonné un homme avec un flan au chocolat, un gang de filles qui tuaient des grands-mères… La femme qui partage ma cellule a laissé son bébé de trois mois être violé et le pauvre petit en est mort.

L'effroi m'oppresse de jour en jour. Est-ce que je vais rester là, au milieu de ces femmes ? Est-ce que je suis comme elles ? Je préfère mourir. Mon salut vient d'une mineure emprisonnée avec moi à Valence et que j'ai soutenue malgré ma détresse. Sa sœur, qui est incarcérée à Montluc, me protège à son tour. Le milieu de la prison, c'est toute la France. On me change de cellule. Cette fille me parle. Elle me pousse à reprendre courage, à me battre. Grâce à elle, je retrouve la force indispensable pour survivre et en attendant mon nouveau transfert, je parviens à faire abstraction des horreurs qui m'entourent.

Retrouver la maison d'arrêt de Valence est un soulagement. Le quartier des femmes est plus restreint, une quarantaine de places, l'ambiance y est moins inhumaine. Les gardiennes nous connaissent. Elles sont trois à se relayer, deux en journée et une la nuit, pour six ou sept cellules. Si des liens se créent avec les matonnes parce qu'elles vivent avec nous et connaissent tout de nos vies, il n'y a jamais de tutoiement ni d'amitié. Une jeune matonne entrait dans les cellules et jouait aux cartes avec les détenues. Un après-midi, complètement stone, elle s'est assise sur ma couchette et s'est endormie. Son talkie-walkie s'est mis à grésiller dans le vide et j'ai dû la secouer pour qu'elle réponde. Elle est restée moins de trois mois. Elle s'était trompée de boulot.

La maison d'arrêt de Valence a été construite au XIXe siècle et ça se voit. Tout y est vétuste et sale, la cour perd ses pavés, les cellules sont éclairées par une fenêtre minuscule, en hauteur, qui laisse à peine passer la lumière. Rien à voir avec le nouvel établissement qui a été construit en 2015.

Je suis en cellule collective. Le mobilier est minimaliste, il se compose d'un lavabo pour se brosser les dents, d'une table branlante et de deux châlits superposés comptant chacun trois couchettes. Ici, personne n'évoque « sa chambre » ni « son lit », tout le monde dit « cellule », et « couchette ». Quand on peut, on se bricole un petit coin cuisine, doté d'une table, avec une plaque électrique et une bouilloire posées dessus et un mini-frigo dessous. Les toilettes sont à peine cachées derrière un muret. Il n'y a pas d'abattant.

Jour et nuit, on vit là, à six. Pendant que l'une regarde la télé, l'autre cuisine, une troisième fait pipi. Ça pue la transpiration, la teinture pour les cheveux, les oignons frits, la crème Nivea et l'urine. On sera jusqu'à huit filles dans la cellule, car la maison d'arrêt de Valence sert aussi de centre de transit pour les transferts vers les Baumettes, Montluc ou Fresne. À deux, on parvient à tenir une cellule propre ; à six, c'est impossible. Parfois, l'une des détenues est une toxico en manque et elle a une crise, elle hurle, elle nous frappe ou se frappe elle-même, se tapant la tête contre le lavabo, il faut appeler les gardiennes et la faire évacuer à l'infirmerie. Une fille mangeait avec ses doigts à même la casserole.

Mais le pire, c'est la nuit. Les passages des gardiennes, qui allument la lumière pour vérifier que personne ne s'est fichu en l'air. Le cliquetis de l'ouverture du judas. Les coups de pied contre les portes. Les hurlements venus du quartier des hommes et repris par celui des femmes. Jour et nuit, le bruit est perpétuel. Les portes, les clés, les cris incessants. Alors, pour dormir, tout le monde demande des médicaments.

La prison possède sa propre odeur, une odeur particulière qui s'infiltre dans les vêtements, sous la peau, dans les cheveux. Des effluves de métal, d'humidité, de cheveux sales, de poussière et de légumes bouillis, qui forment une puanteur indescriptible. Ceux qui sont entrés dans une prison s'en souviennent toute leur vie. Des mois après ma sortie, je la sentirai sur moi, elle restera accrochée dans mes narines. J'exécrerai la crème Nivea, dont l'odeur douceâtre me renvoie illico en prison. *Idem* pour la fameuse boîte jaune de « l'ami du petit déjeuner », l'un des best-sellers des taules françaises.

L'été est là, et ils sont chauds à Valence. La température devient insupportable dans la cellule. La nuit, je suffoque sur mon matelas. J'ai droit à deux douches par semaine. Le manque d'hygiène, conjugué au peu d'air et de lumière, est une double peine. Je suis convaincue que la majorité des détenus acceptent la prison mais pas ses conditions. Être deux par cellule peut être une bonne chose afin d'éviter l'isolement et les suicides, mais au-delà, la vie devient un enfer. Le plus dégradant est la fouille obligatoire à chaque sortie, à l'aller et au retour, évidemment plus approfondie au retour. Chaque convocation chez le juge implique une fouille au corps, c'est fouille pour les parloirs, fouille après les permissions. Il faut retirer ses chaussures, ses vêtements et ses sous-vêtements, ouvrir la bouche, écarter les bras, se pencher en avant. On vous touche, on vous passe la main derrière les oreilles. Un moment aussi humiliant pour nous que pour les matonnes. Je me demande à quoi bon nous l'imposer quand je vois la quantité de drogue qui tourne dans les cellules. Après ma sortie, un cauchemar m'a poursuivie pendant des années, toujours le même. J'étais assise seule dans un bus de l'administration pénitentiaire. J'étais là depuis six ans, alors que je n'avais été condamnée qu'à cinq ans. On m'avait oubliée. Je pleurais, suppliais pour voir le juge, pour qu'on me laisse enfin partir.

La prison est un monde à part formant une société dans la société dont on ignore tout quand on n'y a pas vécu. Elle est pleine de rites et de superstitions. Elle possède sa hiérarchie. Par exemple, les détenus incarcérés pour meurtre sont davantage respectés, et avouer avoir tué accroît la considération. Mais en prison, tout le monde est innocent, c'est la règle. Je suis l'une des rares à avouer avoir tué. La seule détenue que je n'ai jamais entendue affirmer être victime d'une erreur judiciaire est une gitane qui a partagé ma cellule. C'était une femme plus grande que moi, à la longue chevelure noire striée de mèches grises. Personne n'a su pourquoi elle était entrée mais son regard métallique faisait froid dans le dos. Le mot « danger » était gravé sur son front. Elle ne parlait à personne, aucune de nous n'osait lui adresser la parole, nous évitions de la regarder et encore plus de la toucher. Elle m'effrayait tant que j'ai passé des journées terrée sur ma couchette, terrifiée à l'idée de libérer l'espèce de haine sauvage qui émanait d'elle.

Les établissements pénitentiaires forment un réseau parallèle et de Brest à Marseille, les détenus connaissent les uns et les autres sous un pseudo. Comme des dizaines de personnes portent le même prénom, on te donne un surnom établi en fonction de ton caractère, ton physique ou ton métier. Ce nom de guerre t'identifie et te protège. Je choisis Chanel, qui restera mon identité dans mon esprit bien des années après ma sortie.

La prison est le royaume de la débrouille. Les astuces sont innombrables. Je me confectionne des masques exfoliants en ajoutant du sel dans la fameuse crème Nivea, des Marocaines m'apprennent à m'épiler avec des boulettes de sucre fondu. Le parfum est interdit, de peur qu'on le boive. Tant que je suis seule en cellule, le directeur qui me connaît m'accorde quelques privilèges. Je peux conserver un flacon de parfum et quelques affaires personnelles. Malgré tout, il vaut mieux ne rien posséder en prison, car on se fait racketter. Des objets dérisoires à l'extérieur, tels une cigarette, des pastilles pour la gorge ou un briquet, valent de l'or. Ici, tout se troque.

On vit suspendu au moindre rayon d'espoir. Par exemple, si la gardienne fait tomber le trousseau de clés devant la porte de ta cellule, ta demande de permission sera accordée. L'un des journaux les plus lus est *Le Nouveau Détective*. Le dimanche matin, « Radio

Prison », une émission spéciale diffusant les messages d'anciennes codétenues et des familles, est un moment très attendu qui coupe la routine et maintient un semblant de lien avec l'extérieur, à l'instar des visites des bénévoles. Depuis qu'il est tout petit, j'appelle mon fils « mon chichon ». Une codétenue m'entend sur « Radio Prison ».

— Arrête avec ça, Chanel, on va croire que tu fais passer des messages pour trafiquer !

Stupéfaite, je lui demande pourquoi. Elle me regarde comme si j'étais demeurée.

— Parce que le chichon, c'est du shit en argot, de la résine de cannabis, tu vois.

— Je ne savais pas !

Ma naïveté la fait éclater de rire.

Les gardiens sont autant enfermés que nous et subissent une bonne partie de nos désagréments. Je n'en ai connu aucun exerçant ce métier par vocation. Le jour de ma condamnation, la gardienne en chef me lancera au moment de la signature du procès-verbal :

— Cinq ans seulement ? Tu as beaucoup de chance, Barneron, mais tu es fichue, tu ne seras plus personne.

Je plonge mon regard dans le sien :

— Moi, je vais retrouver la liberté dans six mois, vous, vous resterez en prison jusqu'à votre retraite.

Apprendre pour oublier

J'ai retrouvé en cellule les couvertures grises et râpeuses de mon enfance et des centres du Patriarche, mais en regard des assiettes de soupe au poivre servies par Suzanne et du riz mou de La Boère, les menus méritent cinq étoiles. J'ai droit à une entrée, un plat et un dessert, servis avec des couverts en métal.

La nuit, je dors roulée en position fœtale. Je suis à nouveau sur le qui-vive, redoutant d'être agressée ou de recevoir un mauvais coup. La prison est un lieu dangereux. Les condamnées et les longues peines se livrent au racket, car il faut de l'argent pour supporter le quotidien. L'administration fournit le minimum, tout le reste se « cantine », c'est-à-dire s'achète à une sorte de magasin interne : le dentifrice, le shampoing, le papier, les cigarettes, le café, le chocolat, les brosses à dents, les stylos, les journaux. Par la suite, je parviendrai à améliorer l'ordinaire en cantinant, parce que je travaille. Je me porte volontaire pour rafraîchir les peintures des coursives et pour intégrer les ateliers où on est payé à la pièce. Je touche une misère, quelques francs par jour, mais cela me permet d'acheter du café ou des cahiers. Ma codétenue, Karima, était chargée de faire les lessives et de préparer les paquetages quand une fille était transférée. À son départ, je demande à prendre sa suite et elle m'explique les procédures à respecter.

Nous disposons d'une heure de promenade le matin et l'après-midi, dans une cour minuscule et sans arbres. Beaucoup préfèrent s'en passer à cause des bagarres. Je suis peureuse de nature, je tremble en voiture, en avion, en train, alors en prison, moi qui déteste la violence, les cris et qui ne supporte plus la vue du sang, mon angoisse atteint un niveau terrible. Je m'applique à éviter les bagarres. Il m'arrive de refuser d'aller en promenade par peur d'être agressée ou mêlée à une rixe. Le manque d'exercice me détruit mais les activités sportives se terminent en pugilats. Je m'inscris à un match de foot ; il dégénère au premier coup d'épaule donné à la mauvaise personne. Je me dis : « Plus jamais de sport, tant pis. » Mieux vaut tourner en rond, devenir molle et grosse, que prendre un coup de pied en plein ventre.

On trouve de tout dans une maison d'arrêt, des femmes qui ont tué leur compagnon, des mères infanticides, des voleuses, des trafiquantes, des veuves noires. Une détenue, Chantal, était mariée à un chauffeur de taxi. Elle avait essayé de le tuer une première fois avec l'aide de son amant, afin de toucher l'assurance vie. Quelque temps plus tard, elle avait recommencé : elle l'avait fait boire, l'avait enfermé dans sa voiture, et y avait mis le feu en espérant faire croire à un suicide. Malheureusement pour elle, son mari était épileptique et les experts médicaux ont expliqué que cette maladie inhibait les envies suicidaires. La cour d'assises la condamnera à trente ans de réclusion. Une autre, toute jeune, est enceinte et le juge a ordonné son incarcération en espérant faire pression sur elle afin qu'elle lâche des informations sur son compagnon trafiquant. Elle me fait pitié. Enfermer une mineure avec des tueuses équivaut à mélanger des enfants de maternelle avec des élèves de 6e. À mon avis, la comparution immédiate provoque des catastrophes, les auteurs de petits délits sont mélangés avec des criminels endurcis qui ont pris perpète et attendent leur procès en appel. L'administration pénitentiaire devrait constituer des ailes séparées, les unes réservées aux détenues en attente d'assises ou d'appel, les autres, aux petites peines. Quand je vois le gouvernement français actuel jeter en prison des manifestants, lorsque j'imagine des étudiants ou de braves pères de famille confrontés à cette brutalité, je suis horrifiée. C'est monstrueux.

Après quelques semaines en foyer, mes enfants ont été placés dans une famille d'accueil dans le sud du département. Le juge a entendu ma demande et les a laissés ensemble. Ophélie n'apprend la mort de son père qu'au bout de deux mois. On lui a d'abord annoncé que son papa avait eu un accident, qu'il était à l'hôpital, et sa maman aussi. J'imagine son choc, sa solitude, en découvrant la réalité. Elle n'a même pas pu assister à l'enterrement de son père. Bob est avec elle mais il a seulement quatorze ans. Je l'ai contraint à endosser un rôle qui n'est pas celui d'un adolescent. À son âge, il devrait se préoccuper de gagner des matchs de foot et de choisir les films à regarder avec ses copains, pas de consoler sa petite sœur privée de parents.

Lors de la première visite des enfants, j'ai le ventre noué. Je ne les ai pas vus depuis deux mois. Je suis partagée entre la joie de les embrasser et la honte. Mes codétenues font preuve de gentillesse : elles cantinent, et achètent de quoi préparer des gâteaux pour mes enfants.

Nous nous retrouvons avec l'éducateur dans un box de trois mètres sur trois aux murs barbouillés de graffitis, meublé de deux chaises et d'une table en faux bois cernée de métal. Je serre les enfants contre moi à les étouffer. Dorénavant, Ophélie et Bob viendront me voir une fois par semaine, toujours accompagnés de leur éducateur. Ma fille passe l'heure collée à moi. Si c'était à refaire, je demanderais moins de parloirs, je ne me suis pas rendu compte à quel point ces moments étaient inhumains pour eux. Comme les adultes, ils doivent franchir les sas et subissent les odeurs et les bruits, la saleté, la promiscuité. Les enfants aussi sont fouillés. On retourne leurs poches, on leur fait retirer leurs chaussures et on les palpe. J'imagine leur angoisse en attendant leur tour dans la file d'attente, leur terreur en entrant dans cet endroit sale et triste. Beaucoup de détenus refusent les visites pour protéger leurs proches de cette violence psychologique. Mes enfants resteront traumatisés, Ophélie exécrera la vue des barreaux et à une période, Bob ne voudra plus venir au parloir. Cette souffrance et ces peurs endurées par mes enfants, je ne pourrai jamais me les pardonner, je les ressens encore au fond de moi. Mais à l'époque, je ne pensais qu'à une chose, les voir pour tenir le coup, leur parler, les embrasser, leur montrer que je restais leur mère malgré tout et qu'ils comptaient pour moi. J'ai été égoïste.

Je ne reçois aucune nouvelle de ma famille maternelle. Seuls mon père et sa femme, la Mouche, viennent me visiter. Il n'y a pas de machine à laver en maison d'arrêt et il est impossible de laver autre chose qu'une culotte ou des chaussettes dans le lavabo de la cellule. La Mouche me dépose chaque semaine du linge propre. Les vêtements sont fouillés, eux aussi ; ils sont placés dans un sac en plastique marqué au feutre de mon numéro d'écrou.

L'attente me rend dingue, j'ignore si je suis là pour dix ans ou vingt ans. Je m'inquiète pour l'avenir des enfants. C'était déjà compliqué à l'école, Bob est dyslexique et Ophélie a été diagnostiquée HPI. Comment peuvent-ils suivre une scolarité normale après avoir vécu un tel drame ? Le lendemain de la mort de Gilles, *Le Dauphiné libéré*, le quotidien local, a relaté l'affaire sur une demi-page. Est-ce que leurs camarades se moquent d'eux en classe ? « Ton père est mort et ta mère est tarée, elle est en prison »... Ophélie adore monter, elle a grimpé sur le dos d'un cheval avant de savoir marcher et pratiquait l'équitation toutes les semaines. Est-ce qu'on l'emmène au club ? Mes appréhensions tournent en boucle dans ma tête et je n'ai personne à qui les confier. Mon avocat ne me donne aucun signe de vie. Je pense finir mes jours entre quatre murs gris éclairés d'une ampoule miteuse. Un soir, excédée de désespoir, je me tatoue le tour de la bouche. Heureusement, je suis maladroite. Les piqûres sont superficielles et la couleur s'effacera.

Quelques semaines après mon incarcération, une gardienne déverrouille la porte de ma cellule.

— Barneron ! Infirmerie !

Quand un détenu souhaite souffler un peu et s'isoler, il demande à aller à l'infirmerie mais je n'ai sollicité aucune admission. Un peu étonnée, je suis la gardienne le long des couloirs. Je franchis les deux sas et découvre le fiancé d'une codétenue.

— Chanel, j'ai le nom d'un avocat pour toi.

— J'en ai déjà un.

— Il t'en faut un bon, un spécialiste des cas difficiles. Appelle Me Fort, c'est le meilleur pénaliste de Valence.

Il me laisse les coordonnées du cabinet. Je téléphone à l'avocat, qui accepte de me rencontrer.

J'attends le parloir avec impatience. Le jour dit, un homme aux cheveux grisonnants, en veston et cravate, m'attend. C'est la personne la plus élégante que j'ai croisée depuis des mois, excepté à la télé. Il se lève et me tend la main.

— Je suis Me Fort. Racontez-moi votre affaire.

Il m'écoute attentivement en caressant ses grandes moustaches à l'ancienne mode.

— J'accepte de vous défendre.

— Merci, maître.

— Je vais appeler mon confrère pour qu'il me transmette les éléments en sa possession et nous allons reprendre le dossier de A à Z.

Mon avocat devient un soutien humain important. Son assurance et son calme me rassurent. Il m'oriente dans mes démarches concernant les enfants, je lui confie mes angoisses et mes questions. On discute aussi de sujets plus légers. Il me raconte ses vacances au Maroc et même si je suis assise sur une chaise grinçante et bloquée avenue de Chabeuil, en l'écoutant décrire Marrakech, l'espace d'un quart d'heure, je me promène sous les palmiers et dans la médina.

Le psychiatre de la prison m'a sevrée petit à petit des médicaments que j'avalais par poignées. Si je peux reprocher beaucoup de choses à l'administration pénitentiaire, je dois reconnaître qu'elle m'a bien soignée. Les détenus qui le souhaitent peuvent bénéficier d'un enseignement. Qu'il s'agisse de cours d'alphabétisation ou de poursuivre un doctorat, tout le monde peut reprendre des études et, en centrale, les détenus sont autorisés à faire un stage en entreprise afin d'avoir un emploi au moment de leur libération. Je suis curieuse, j'aime apprendre ; pour éviter de tourner en rond, je demande à reprendre des études. Les cours ont lieu à la bibliothèque. Un professeur assure l'ensemble des matières, puis des profs différents interviennent ponctuellement. Je redécouvre la lecture que j'aimais tant petite. Je commence par lire tous les témoignages et les documents, avant de dévorer l'histoire, les codes pénaux et les livres de droit.

Le droit devient une passion. Je ne possédais même pas le BEP en arrivant. Je suis entière et quand je fais les choses, j'y mets tout mon cœur. Comme je suis la seule de la maison d'arrêt à suivre des cours, je bénéficie d'un professeur particulier et cela me fait progresser au-delà de ce que j'espérais. J'obtiens mon bac et je poursuis en droit, jusqu'à atteindre le niveau de la maîtrise. J'aurais aimé être avocate, le droit est fascinant, c'est un mécanisme minutieux et stimulant. J'aime regarder l'émission « Faites entrer l'accusé », je m'applique à estimer les peines qui seront prononcées. Chaque élément relaté par Christophe Hondelatte, les causes du crime, ses conséquences, la personnalité de l'accusé et celle de la victime déplacent le curseur et expliquent la décision des juges.

J'essaie de m'occuper de toutes les manières possibles. Je demande à ma codétenue de m'enseigner l'arabe. Je me mets au tricot et au crochet afin de confectionner un plaid pour mes enfants. Les visiteuses bénévoles m'apportent des coupons de tissus et du matériel de broderie ; je consacre trois mois à broder au fil argenté les jambes d'un jean. Je m'évade en dessinant. Je remplis des carnets entiers, j'écris des poèmes, mon journal, je fabrique des cartes postales pour mes enfants. Je m'inscris aux cours de théâtre et je passe le brevet de secourisme dispensé par les pompiers. En revanche, je m'abstiens de mettre les pieds à la messe du dimanche matin. Je suis croyante et je trouverais le geste hypocrite. D'autres détenues ont moins de scrupules et jouent les grenouilles de bénitier, c'est le cas de Chantal.

J'ai la chance que le personnel pénitentiaire me fasse confiance : ma cellule est ouverte en journée, ce qui est un privilège en maison d'arrêt, et je travaille au sein de la prison. Je suis affectée tour à tour au ménage, à la lingerie, à la peinture, je distribue les plateaux-repas. Je propose d'être responsable de la bibliothèque dont j'ai lu tous les livres.

Malgré cela, tous les jours se ressemblent, à de rares exceptions près. Le 11 septembre 2001, je lessive le couloir lorsque j'entends une fille crier « Venez voir ! Vite, regardez ! ». Le message est repris de cellule en cellule, puis les cris s'éteignent, un silence de mort enveloppe les coursives. Détenues et matonnes, nous sommes toutes figées devant les téléviseurs. Les deux tours du World Trade Center s'écroulent sous nos yeux.

Grâce à Me Fort, j'obtiens une permission de deux jours pour aller chez mon père à côté d'Avignon. Je me précipite chez le coiffeur et, l'espace d'un week-end, j'ai l'illusion d'une vie normale. Le retour en prison, le dimanche après-midi, est violent.

Pour être placée dans une cellule avec des filles calmes, j'arrête de fumer mais je prends treize kilos. Je reprendrai la cigarette en sortant. Si entrer en prison est un choc, la quitter l'est tout autant. Sortir est très impressionnant.

Tu n'as rien. Tu n'es rien. Tu n'as plus de prénom. Tu n'as plus de repères.

Comme dans le film avec Tom Hanks, *La Ligne verte*, tu t'accroches à un cafard. Parce que les humains sont absents. L'incarcération est pire pour ceux qui possédaient quelque chose, car elle leur fait tout perdre, travail, maison, famille. Qu'il soit riche ou pauvre, coupable ou innocent, chaque détenu y laisse sa dignité et souvent sa santé. En prison, je suis un numéro d'écrou. La prison est pire que la rue. Quand j'étais à la rue, je voyais des gens, des magasins, des voitures, la vie ; en prison, j'étais bloquée dans un monde gris monochrome, réduit à une poignée de mètres carrés.

Deux mois et demi avant le procès, un groupe de trois détenues vient m'agresser. Je suis obligée de me battre. Je cogne comme une cinglée, toute ma haine jaillit. L'idée d'être encore violentée m'était inconcevable, expliquera le psychiatre aux jurés d'assises.

— Bagarre ! hurlent les filles autour de nous.

Les gardiennes arrivent en courant. Elles s'interposent, reçoivent des coups, je frappe aveuglément à coups de poing et de pied. Elles sont incapables de me maîtriser et doivent appeler les gardiens hommes à la rescousse. Ils me traînent à l'infirmerie où l'on me fait une piqûre. La moitié de mon crâne est chauve, mes attaquantes m'ont arraché des plaques entières de cheveux mais elles ont pris cher et elles aussi sont défigurées. Elles ont payé pour Suzanne, pour Maupin, pour Lucien Engelmajer, pour mon mari. J'ai explosé comme une bombe.

J'échappe au mitard mais on me retire mes privilèges. Je n'ai plus le droit de travailler, je dois rester dans ma cellule et les remises de peine accumulées grâce à ma bonne conduite sautent. Pourtant, je suis contente de m'être défendue. Si je m'étais laissé tabasser, elles m'auraient choisie comme punching-ball jusqu'à mon procès et auraient fait passer le message à la centrale où l'on me transférera après ma condamnation. En prison, le respect, et donc la sécurité, se gagne. Plus personne ne m'a frappée ou giflée depuis ce jour-là.

L'été 2002 s'achève et la date de mon procès approche. Je suis convaincue de prendre quinze ans. Me Fort passe me voir une fois par semaine. Il me répète sa stratégie et le déroulement des audiences. Grâce à mes cours de droit, je connais le fonctionnement d'une cour d'assises mais il s'agit de notions théoriques. Le jour du procès, je serai au cœur de la machine, un pion impuissant. Me Fort a conscience des enjeux et de la puissance d'un jury, il a été confronté à des défis terribles dès le début de sa carrière. La guillotine existait lorsqu'il a prêté serment. Tout jeune avocat, il a dû plaider pour deux hommes qui jouaient leur tête.

— Vous entendrez des choses difficiles lors de l'audience, Cathy. Ça fait partie du jeu.

— Je le sais.

— Je vais expliquer au jury ce que vous avez subi durant votre enfance, ils en tiendront compte.

Je ne suis pas sûre d'avoir envie de ça.

— Vous croyez que c'est important ? Ce que j'ai vécu n'excuse rien, j'ai tué mon mari.

— C'est essentiel, Cathy. Les jurés doivent comprendre à quel point vous avez été fragilisée et comment votre époux en a joué.

Face à la cour

Je suis jugée pour meurtre le 19 septembre 2002. Durant des mois, j'ai levé le rideau de fer et déverrouillé la porte de ma boutique en face du palais de justice de Valence sans imaginer qu'un jour j'y entrerais, escortée par les gendarmes pour comparaître devant une cour d'assises.

En pénétrant dans le box, je jette un bref regard vers la salle. Me Fort m'a prévenue :

— Durant les audiences, ne regardez ni le public ni les jurés, restez concentrée sur le président. Fixer la salle peut être interprété comme une provocation. Aux assises, le comportement de l'accusé pèse lourd, la manière d'être habillée, coiffée, et l'attitude sont primordiales. Ce n'est ni un défilé de mode ni une tribune. Soyez digne.

La veille, la Mouche m'a déposé à la prison une tenue correcte, un ensemble de couleur noire et un chemisier rose. L'avocat général est identifiable à sa robe rouge ornée d'une cravate blanche. Dans le public, je reconnais le visage de Lola assise sur un banc, accompagnée de son mari et de ses enfants. Les larmes me montent aux yeux en les voyant. J'ai des amis, ils sont là.

— Ça va bien se passer, Catherine, me souffle Me Fort.

Les six jurés sont à ma droite, alignés sur une estrade, derrière une longue table de bois. Les trois suppléants sont assis un peu à l'écart.

Le procès me semble durer une journée mais il s'étend sur deux jours. J'ai le sentiment d'un long monologue, traversé en apnée. Les psychiatres de Montéléger m'ont expliqué que j'ai une capacité à oublier, à tourner les pages, une aptitude qui me donne la force d'avancer en chassant les pages noires et en ne gardant que celles en couleurs.

Avant d'appeler à la barre les enquêteurs, le président relate l'ensemble des faits à l'attention des jurés.

Les gendarmes racontent la scène découverte le soir de leur intervention : la victime touchée mortellement au torse, l'accusée hagarde, quatre autres personnes en état de choc, puis ils décrivent les diverses étapes de leur enquête. Les relevés de l'équipe scientifique confirment ma version ; je n'ai pas ouvert le fusil, mes empreintes n'apparaissaient que sur la gâchette. Les cartouches portaient les empreintes de Gilles et d'autres, inconnues, probablement celles du vendeur, mais ni les miennes ni celles de mon fils.

Les deux couples d'amis présents le soir du 2 mai relatent le déroulement de la scène, mon air hagard, la manière dont Gilles m'a arrachée à la voiture, ses insultes, mais rien ne semble convaincre l'avocat général. Celui-ci est persuadé que je savais le fusil chargé.

John relate les violences et les insultes de Gilles à mon égard dont il a été témoin les dernières années. La Mouche témoigne aussi en ma faveur, elle rapporte m'avoir vue à plusieurs reprises couverte de contusions.

Les jurés sont invités à regarder les photos prises par le médecin légiste le soir de mon arrestation. Mes jambes et mon dos sont marqués d'ecchymoses. « Des blessures que ma cliente n'a pas pu s'infliger elle-même, souligne Me Fort. Qui se frappe dans le dos ? Personne ! »

Les pompiers confirment être intervenus trois fois à la maison, après des appels au secours de mon fils, et m'avoir découverte nue, rouée de coups. Me Fort a obtenu de Kinou, mon ancienne patronne, une lettre en ma faveur. Face à la somme d'informations et de témoins réunis par la défense et le parquet, je comprends le délai nécessaire à un procès.

Les témoignages qui se succèdent à la barre me révèlent des faces cachées de Gilles. Je découvre qu'il a dénoncé pour trafic le mari de Lola qui se faisait un peu d'argent en débourrant un cheval de temps en temps. Cette méchanceté gratuite me sidère. Des voisins ont vu Gilles circuler, le fusil posé sur le siège avant de sa voiture. Pourtant, il ne chassait pas. L'arme avait appartenu à mon beau-père et à sa mort, Gilles l'avait récupérée. Mon corps se glace en apprenant que l'homme qui dormait à côté de moi, mon propre mari, avait acheté des cartouches neuves et arpentait les routes avec un fusil. Quelques semaines avant les faits, il souhaitait qu'on souscrive une assurance vie réciproque. Il avait préparé les papiers. Le temps nous avait manqué pour les signer, heureusement. Qui aurait pu me croire ensuite lorsque j'affirmais que mon tir était accidentel ? J'aurais eu tous les mobiles pour le tuer, dont le plus grave, l'argent.

L'ex-femme de Gilles n'assiste pas au procès mais elle a confié à la cour un témoignage écrit. Ses mots provoquent un séisme : « Elle a fait ce que j'aurais dû faire il y a des années. »

L'avocat général s'agace :

— Mais à la fin, c'est insensé ! Est-ce que nous sommes là pour faire le procès de la victime ?

Bob est appelé à la barre. Son courage m'impressionne.

— S'il n'était pas mort, il aurait tué ma mère, dit-il.

L'avocat général insiste :

— Votre parcours scolaire le prouve, vous êtes un raté, votre mère est défaillante, elle vous abandonnait à vous-même.

Une boule m'étreint la gorge mais mon fils garde son sang-froid. Il rétorque :

— Non, ça n'a rien à voir, elle s'est toujours bien occupée de nous. J'aime pas l'école.

— Votre mère savait que le fusil était chargé ?

— Je l'ignore. En tout cas, ma mère ne pouvait pas savoir où il était, Gilles le changeait tout le temps de place.

Je n'avais pas conscience que les gens étaient au courant de tant d'événements, à commencer par mon fils. Dès qu'il a su que j'étais décidée à le quitter, il explique que Gilles l'a prévenu en lui désignant le fusil chargé : « Tu vois, si ta mère s'en va, je la tue. Quand j'ai pris ta mère, elle n'avait rien, vous repartirez sans un balai ni une serpillière, vous n'en aurez pas besoin, vous serez dans une boîte. »

Pour appuyer ses dires concernant la brutalité de Gilles, Bob rapporte un événement qui s'est déroulé environ deux ans avant les faits. Il était parti à la pêche avec deux garçons de son âge. Il avait tiré un coup de carabine à plomb et touché l'un de ses copains. Gilles avait récupéré Bob à la gendarmerie et lui avait infligé une raclée, une vraie. On était bien au-delà de la gifle.

Bob avait gardé secret cet épisode.

— Votre mère était au courant ?

— Non, je n'ai rien voulu lui dire pour la protéger.

Je baisse la tête. Ces mots me font très mal. Je suis bien placée pour affirmer qu'on n'éduque pas un enfant en le frappant, quelle que soit la bêtise commise. Que mon fils ait été battu sans que je le remarque, parce que j'étais perdue, noyée dans les antidépresseurs, accrochée au rêve d'une famille idéale et à la vision d'un père protecteur pour mes enfants, me rend malade.

L'avocat général entame ses réquisitions.

— Vous nous expliquez ne jamais avoir souhaité la mort de votre mari, car vous l'aimiez, me lance-t-il. Vous aimiez votre mari alors qu'il vous violait, vous battait et que vous l'avez tué. Je ne comprends pas !

Malgré la chaleur régnant dans la salle, j'ai froid. Oui, je l'aimais mais il me détruisait. Je réalise lors du procès que Gilles a créé une emprise sur moi dès le début de notre relation, à partir du moment où il m'a demandé de prendre des coupe-faim. Ce jour-là, en acceptant, j'ai actionné l'engrenage. Les pressions s'étaient succédé, s'aggravant : m'empêcher de travailler ailleurs qu'à l'entreprise, me pousser à vendre la maison achetée avec mon salaire, me « calmer » à coups de somnifères. Ce fonctionnement pervers s'était mis en place petit à petit et je ne m'en étais pas méfiée. Les premiers coups étaient espacés et suivis de pardon, et puis il y a eu de moins en moins d'espace et plus aucun pardon. Quand les pièces du puzzle se sont imbriquées et que j'ai réalisé qui était Gilles, que j'ai voulu refuser la manière dont il me traitait, c'était trop tard, j'étais aveuglée par la peur. C'est terrifiant de vivre avec une personne dont on a peur, non seulement pour soi mais aussi pour ses enfants. Qu'est-ce qui m'a fait craquer au bout de dix ans ? Il y a toujours un déclencheur. Le soir des faits, j'avais bu mais surtout, j'avais peur de voir mon fils mourir sous mes yeux, j'étais acculée au départ. J'ai implosé.

L'expert psychiatrique a expliqué : « L'accusée peut être hystérique. » Les traumatismes subis durant l'enfance m'ont rendue « border line » et l'accès de violence de mon mari ce soir-là a été la goutte d'eau. J'étais prête à tout pour sortir d'une situation qui me ramenait à celles subies durant mon enfance et mon séjour au Patriarche. Au début, en effet, je refusais de me laisser frapper, je me défendais, et puis les accusations incessantes de Gilles, « Tu n'es rien sans moi, tu vis à mes crochets, ton fils est un bon à rien, tu ne feras rien de ta vie, tu rates tout », ont fini par me faire croire que j'étais folle et que mon comportement engendrait ses réactions. Jusqu'aux mots de trop. « Si tu me quittes, je tue ton fils et je te tue. »

L'avocat général rappelle que j'ai privé deux enfants de leur père. Il rappelle ma bagarre en prison, mon instabilité. Il requiert une peine de dix ans de prison ferme.

Le verdict

Me Fort se lève à son tour pour plaider. Mon enfance défile sous les yeux des jurés. Mon avocat relate la cruauté de Suzanne, les viols de Maupin, ma solitude de jeune mère.

— Cette femme, assise devant vous, a été contrainte par sa mère à manger des excréments ! Des excréments !

Recroquevillée sur le banc, je revis chaque souffrance endurée par la petite fille que j'étais. Lorsque j'ai rencontré Gilles, je croyais tout ceci derrière moi. Il avait été le premier à qui j'avais confié mes blessures. J'avais raconté mon martyre dans mon livre en espérant m'en libérer, j'ignorais qu'il serait disséqué par des experts judiciaires, pesé par des inconnus. Je baisse la tête pour cacher mes pleurs. Me Fort rappelle que mon mari m'a imposé des relations sexuelles jusqu'à la veille des faits et que je suis aussi victime de viol conjugal.

Le président me demande si je souhaite m'adresser à la cour. Les jambes tremblantes, je me lève et me cramponne à la paroi du box.

— Je demande pardon à mes enfants pour la peine que je leur inflige. Quelle que soit votre décision, j'ai tué mon mari, je porterai toute ma vie le poids de mon acte et personne ne pourra m'en libérer.

Ce coup de feu était un accident, mais il a ruiné ma vie et celle de mes enfants. Oui, je regrette de ne pas être allée voir les gendarmes, de ne pas avoir quitté Gilles aux premiers signaux mais mes regrets ne changeront rien. Gilles est mort, Bob et Ophélie ont perdu leur enfance.

L'audience est à nouveau suspendue et les jurés se retirent pour délibérer. J'attends la sentence dans la pièce attenante à la salle d'audience. Selon l'article 353 du code de procédure pénale, « la loi prescrit aux juges de s'interroger eux-mêmes dans le silence et le recueillement et de chercher, dans la sincérité de leur conscience, quelle impression ont fait, sur leur raison, les preuves rapportées contre l'accusé, et les moyens de sa défense. La loi ne leur fait que cette seule question, qui renferme toute la mesure de leurs devoirs : "Avez-vous une intime conviction ?" »

Quelle est l'intime conviction de ces six hommes et femmes auxquels on a présenté en deux jours mes souffrances et mes erreurs ? Les gendarmes tentent de me changer les idées en discutant. Mon avocat est confiant.

— Ça va bien se passer, Catherine, j'y crois.

Les heures s'écoulent et les aiguilles de la pendule semblent figées. Enfin, un remue-ménage parmi l'escorte signale que les délibérations sont terminées. Le jury va rendre son verdict. On me ramène dans le box. J'évite de regarder mon fils qui est assis à quelques mètres de moi.

— La cour.

Le public et les avocats se lèvent. Le président et ses assesseurs entrent, suivis des six jurés anonymes. Ma gorge se serre. Je m'apprête à repartir en prison pour dix ans, peut-être plus, un meurtre est passible de trente ans et la cour peut décider d'aller au-delà des réquisitions du parquet.

— À la question l'accusée est-elle coupable d'avoir provoqué la mort de son époux…

Les mots du président forment un brouillard. Je suis glacée.

— …Après avoir délibéré, la cour déclare l'accusée Catherine Barneron coupable et la condamne à cinq ans d'emprisonnement.

Avec la détention préventive et les remises de peine, il me reste environ six mois à accomplir. J'éclate en sanglots irrépressibles. Me Fort me serre l'épaule :

— Les jurés ont tenu compte des circonstances et de votre enfance, ils avaient les larmes aux yeux quand elle a été évoquée.

Avant que les gendarmes ne me ramènent au fourgon, le juge me laisse prendre Bob dans mes bras.

Ce procès a été très humain ; les gendarmes et les magistrats ont été respectueux, personne n'a fait preuve d'acharnement gratuit.

Je savais que je serais condamnée, la détention provisoire entraîne une condamnation, pour éviter à l'État de verser des indemnités au prévenu qui aurait été incarcéré à tort. Si j'avais demandé à être hospitalisée, comme me l'avait conseillé le juge, j'aurais été reconnue coupable mais au vu des circonstances, sans doute pas condamnée à de la prison ferme. Après plus de deux ans et demi d'incarcération, la cour était contrainte de prononcer une peine de prison ferme.

Le parquet ne fera pas appel. « Le procureur m'a dit à midi qu'il avait mal aux dents, me dira en souriant Me Fort, il avait hâte de boucler l'affaire. » Rage de dents ou pas, je suis convaincue que les jurés et les magistrats mesurent la dangerosité de l'accusé. Je ne suis pas violente et une bagarre avec trois taulardes restait un détail. Jamais il ne m'est venu à l'esprit de vouloir tuer Gilles et si j'avais souhaité le faire, je me serais débrouillée pour le pousser un soir dans la piscine, car il ne savait pas nager. Nulle part dans mon passé on ne trouve de trace de violence. D'une part, je ne pouvais pas lutter contre Gilles, car je pesais à peine quarante-cinq kilos et mon mari faisait le double de mon poids, et d'autre part, quand on décide d'assassiner son époux, on évite de le faire devant quatre témoins. Chez Suzanne, le jour où j'ai attrapé un couteau dans le tiroir de la cuisine et me suis approchée de Maupin alors qu'il dormait, je voulais l'empêcher de se réveiller. À sept ans, j'ignorais ce qu'était la mort, mais s'il dormait pour toujours, alors, il ne pourrait plus me faire mal.

Je suis transférée à l'autre bout de la France, en maison centrale, là où les détenus condamnés sont incarcérés. Rennes est alors la seule ville possédant un centre pénitentiaire réservé aux femmes et on y envoie toutes les peines de cinq ans ou plus. Rennes est à huit cent cinquante kilomètres de Valence. Une journée entière de route. Je sais que je ne verrai plus Bob et Ophélie d'ici ma sortie, je suis trop loin pour leur permettre de venir, ou ils pourront le faire une fois seulement. Une situation vécue par beaucoup de condamnées, car la France comptant très peu de prisons pour femmes, les longues peines ont peu de chances de voir leurs proches. Les femmes représentent 3 à 4 % de la population carcérale, un pourcentage stable depuis des décennies. Leur parcours est différent de celui des hommes et les statistiques montrent que, toute chose étant égale par ailleurs, elles récidivent deux fois moins qu'eux, mais la prison est encore pire pour elles. D'abord, parce qu'elles sont si peu nombreuses qu'elles passent en dernier pour l'administration pénitentiaire, ensuite parce que nombre d'entre elles sont mères de famille. Elles s'inquiètent de leurs enfants et tentent de gérer une vie familiale à distance. Elles vivent dans des conditions déshumanisantes, leurs enfants grandissent sans elles, et avec un casier, elles sont estampillées. Comment se réinsérer ensuite ? Comment parvenir à retrouver une vie normale ?

La maison centrale de Rennes ressemble à un couvent. Fermé par une porte monumentale et doté d'un cloître, le bâtiment est un hexagone massif érigé autour d'une cour, en face de la gare. Selon la procédure, je suis placée en quarantaine à mon arrivée. La vie en centrale est différente de celle en maison d'arrêt. Les portes des cellules restent ouvertes en journée et les détenues sont libres d'aller et venir dans les coursives.

L'établissement accueille entre deux cents et deux cent cinquante détenues. On m'avait prévenue : à chaque arrivée, les condamnées attendent leur proie. Lors de ma première douche, trois filles s'approchent de moi. J'ai caché un objet dans ma main pour faire croire que je suis armée. Le poing serré, je m'adosse au mur et je leur lance : « Moi, j'ai rien à perdre. La première qui me touche, je la plante. »

Moi, la peureuse, j'ai parlé d'une voix si dure qu'elles reculent et font mine de m'ignorer. Je ne sais pas où j'ai puisé cette force, sans doute dans la perspective de sortir d'ici six mois. Personne ne m'embêtera les mois suivants.

L'ambiance en centrale est plus froide qu'à la maison d'arrêt et le temps me paraît long. Je n'ai pas le droit de travailler, parce que je serai bientôt libérée. Les places à l'atelier sont réservées aux longues peines. Le seul avantage de la centrale est d'avoir une cellule individuelle. Ce n'est guère plus luxueux qu'à Valence, les bâtiments ont été construits sous Napoléon III. Le chauffage est un simple tuyau fixé au mur et la pièce mesure sept mètres carrés mais je retrouve une certaine intimité. Ma fenêtre donne sur la cour intérieure. Je ne vois rien de Rennes, pas un piéton, pas une voiture, pas une maison. J'aperçois seulement le haut des arbres dans la cour, envahis de corbeaux qui croassent jusque tard dans la soirée.

C'est à Rennes que je découvre une fille pendue aux barreaux de sa cellule. Elle m'avait offert un sweat rouge, que j'ai gardé des années. Elle revenait de permission, elle n'avait pas supporté l'extérieur. Les journalistes et les associations évoquent beaucoup les suicides qui représentent la première cause de décès en prison, ils oublient les prisonniers qui se tuent après leur sortie. Ils sont nombreux. Une fois que tu connais la date de ta sortie, tu ne dors plus. « L'après » te terrifie. Tu es certain que ton passage en prison est inscrit sur ton front et que tout le monde le voit. Tu évites d'ouvrir la bouche, de peur que les gens se rendent compte que tu es un ancien taulard. Tu ne sais plus parler à des gens normaux, demander un renseignement, entrer dans un magasin, monter en voiture, prendre le bus, observer le ciel, marcher sur la route, commander un café dans un bistrot. Tu as tout oublié. Dehors, tu es dans un pays étranger, tu es un nourrisson, un illettré.

Le juge m'accorde une deuxième permission. La Mouche et mon père font la route jusqu'à Rennes pour me rejoindre et m'emmènent visiter le mont Saint-Michel. Nous roulons entre des maisons basses en granit alignées sous un ciel couleur d'ardoise. La Bretagne est une région si différente de la Drôme et de la Camargue qu'il me semble incroyable que les deux appartiennent au même pays. En contemplant l'abbaye posée au-dessus de la mer gris-bleu et son archange doré, l'émotion me saisit. J'ai l'impression de toucher la beauté à l'état pur. Cette apparition restera dans mon esprit un souvenir aussi puissant qu'apaisant. La beauté et la liberté existent, elles sont toujours là, quelque part. Je les retrouverai.

Retrouver l'autre monde

Après trois ans et demi de détention, j'ai bénéficié du jeu des remises de peine, celles qui sont accordées automatiquement et celles qui sont octroyées en fonction de mon attitude et de mes activités : je travaillais, m'occupais de la bibliothèque, j'ai montré que je voulais m'intégrer dans cette mini-société. Je pensais que j'allais passer vingt ans en cellule mais j'avais accepté ma place dans le monde de la prison.

On était au début de l'hiver, mais je ne parviens pas à me rappeler la date exacte. L'incarcération a provoqué en moi une amnésie traumatique, un traumatisme qui m'a fait occulter ma date de sortie. Je garde en tête les émotions, les bruits, les mots, les odeurs, toutes les sensations et d'infimes détails mais j'ai beaucoup de mal à me souvenir des dates. Seuls le moment partagé ou la blessure subie me reviennent. Je me souviens de mon angoisse, les jours précédant ma sortie, de mes insomnies, de ma crainte qu'il s'agisse d'une erreur ou que le juge change d'avis. Il m'a fallu des années avant de pouvoir regarder un documentaire ou des images sur les prisons sans être glacée.

Je quitte la centrale de Rennes avec dix euros en poche et un billet de train pour Avignon. J'ai donné à l'administration pénitentiaire l'adresse de mon père et de la Mouche, le seul endroit où je puisse aller. Ma peine purgée, je sors libre. Je ne suis pas astreinte à pointer au commissariat ni à un suivi psychologique, j'ai conservé mes droits civiques, je ne dois plus rien à la justice. J'ai toujours été consciente de la gravité de mon acte. C'est difficile de l'accepter mais il fait partie de mon paquetage. La prison m'a beaucoup appris sur l'être humain. Si j'avais accompli ma peine en hôpital psychiatrique, j'ignore dans quel état j'en serais sortie. Je n'aurais probablement pas repris mes études. Les deux demandes de liberté conditionnelle que j'avais déposées avant mon procès m'avaient été refusées, et le juge a eu raison. C'était une bêtise, j'étais loin d'être prête à sortir.

Au moment de ma remise en liberté, mon corps s'est couvert de boutons rouges, on aurait cru une crise d'urticaire. J'en avais partout à l'exception du visage. Une sorte de choc anaphylactique, provoqué par l'extérieur et non par un médicament. J'ai vécu trois ans et deux mois en prison. C'est long, enfermé nuit et jour avec six étrangères, l'une qui mange des pâtes à l'huile et l'autre que vous voyez sur les toilettes. La prison indiffère les multirécidivistes qui en font un mode de vie mais pour les autres, les conditions de détention sont aliénantes.

Je reprends pied dans la vie quotidienne avec le sentiment d'être en décalage. Je suis une étrangère en visite sur une planète oubliée. J'ai des manies de taularde. J'allume toutes les lumières. Je ne garde qu'une clé par porte-clés, pour éviter ce cliquetis qui me rendait dingue et j'évite de les mettre dans ma poche. Le soir, lorsque je ferme les yeux, j'entends le tintement des gamelles contre les barreaux et les cris. Je sens la bouffe qui crame sur la plaque électrique de la cellule. L'odeur indescriptible de la prison, ce mélange de sueur, de poussière et de métal, reste autour de moi, je déteste les odeurs corporelles, y compris la mienne, je ne parviens plus à me passer de parfum, j'ai besoin d'une odeur sur moi. Qu'il fasse chaud ou froid, j'ouvre la fenêtre de ma chambre tous les jours, je suis devenue claustrophobe. Une partie de moi est restée à l'intérieur, enfermée dans ces dix mètres carrés de plâtre et de pierres, avec les camées qui marchent pieds nus, les orteils noirs de saleté. Après les nuits par terre chez Suzanne, celles au Patriarche et celles en prison, j'ai passé des années à mal dormir… Et si je fais le compte, les nuits blanches ont été nombreuses en cinquante ans.

En trois ans et demi, ma vie a basculé et le monde a changé. Nous sommes en 2003. Le Concorde a disparu, Charles Trenet est mort, la France vit à l'heure de l'euro depuis quinze mois. Jean-Marie Le Pen est parvenu au second tour de l'élection présidentielle et Jacques Chirac a été réélu avec 82 % des voix. J'ai changé, aussi ; après mon acte et ces années d'incarcération, je porte sur moi-même et sur les autres un regard plus incisif. J'ai compris que les pages noires sont restées enfouies en moi, malgré mes tentatives de les arracher. J'ai besoin de comprendre le pourquoi des choses, je cherche la vérité profonde dissimulée derrière les mots et les actes. L'indifférence et le pessimisme des gens que je croise en liberté me choquent. Ils méconnaissent ce qu'ils possèdent. Durant des mois, des années, un seul champ de vision m'était accordé, présentant le même arbre, le même mur, le même trou dans le plâtre de ma cellule, le même morceau de ciel, les mêmes visages. J'entendais des sons identiques tous les jours à la même heure. Le monde s'était rétréci et ne m'offrait qu'une poignée de sensations. Les gens à l'extérieur oublient de sentir les fleurs, la pluie, le soleil, la douceur d'un chat et l'odeur d'un gâteau cuisant au four. Ils oublient de contempler l'infinie variété du monde qui nous entoure.

Mes enfants ont grandi. Bob a dix-sept ans et Ophélie, douze ans, l'âge qui était le mien lorsque je suis entrée au foyer de La Providence. Ils sont restés dans leur famille d'accueil, dans le sud de la Drôme. J'ignore quelle opinion ces gens avaient de moi, peu importe, ils ont pris soin de mes enfants. Ils se sont montrés bienveillants et attentifs, ils leur ont donné un cadre et transmis des valeurs de respect et d'honnêteté. Ils s'en sont occupés comme s'il s'agissait de leurs propres enfants. Je le reconnais, j'ai été un peu jalouse de leur famille d'accueil. C'est avec elle que Bob et Ophélie ont fêté leurs anniversaires et à elle qu'ils ont confié leurs chagrins, avec elle qu'ils sont partis en vacances. Mais je ne peux que me féliciter de cette chance qu'ils ont eue d'être entourés. Grâce à cette famille, ils ont eu des racines.

J'ai le droit de voir les enfants le week-end, toujours en présence de leur éducateur.

— Maintenant que tu es sortie de prison, on va vivre à nouveau ensemble tous les trois, maman ? s'enquiert Bob.

— Non, mon chéri, il faut suivre une procédure particulière pour récupérer votre garde.

Et les choses s'annoncent compliquées. Je n'ai pas de logement où les accueillir, pas de travail. Même si les enfants sont frustrés que nous ne reformions pas une famille, ils n'ont plus à subir les parloirs. Nous nous voyons dans des pièces propres et sans barreaux, ou nous nous promenons ensemble au soleil.

Ophélie se montre distante. Elle me parle peu, m'embrasse à peine. Elle m'avouera des années plus tard :

— Je ne voulais pas être trop heureuse, tu comprends ? J'avais trop peur qu'il t'arrive quelque chose et que tu disparaisses. Je n'aurais pas supporté de te perdre une deuxième fois.

Cette souffrance restera indélébile, je ne pourrai jamais la supprimer. Je suis d'autant plus fière aujourd'hui de voir qu'ils sont parvenus à avancer de leur côté, malgré mes erreurs et ce drame.

Notre entreprise de maçonnerie a été fermée, évidemment, et les véhicules de la société ont été vendus, soi-disant pour payer les frais d'avocat. J'ai des doutes mais je les garde pour moi. Au moment de mon incarcération, l'entreprise allait mal mais elle possédait une flotte de véhicules d'une certaine valeur, une XM, un camion-grue, deux tractopelles, une fourgonnette, sans compter la maison et tous ses meubles. Tout a disparu. Je soupçonne la Mouche de s'être défrayée de ses visites et des lessives qu'elle m'a offertes durant mon séjour en prison. En arrivant chez mon père, je reconnais divers objets venant droit de notre maison, entre autres des tableaux et un tapis persan ; il était reconnaissable à une tache dans le coin, incrustée dans les fils de soie. La Mouche porte une paire de boucles d'oreilles en filigrane d'or que j'avais offerte pour Noël à la mère de Gilles. Que puis-je faire ? Porter plainte ? Tant pis.

Je reste un temps en relation avec Piou-Piou, emprisonnée pour infanticide, puis je coupe les ponts. Je ne conserverai aucun contact avec mes anciennes codétenues, contrairement aux filles de La Providence. Bien que nous ayons vécu vingt-quatre heures sur vingt-quatre ensemble, les liens sont différents de ceux tissés au foyer. Ils sont entachés de trop de souffrances, trop de duplicité. Les rencontres sincères sont rares en prison. Au-delà de la rupture avec cette fille, je veux balayer le monde carcéral de ma vie. Je tiens à fermer cette porte et à repartir de zéro. Si je ne tourne pas la page, il me sera impossible d'avancer.

Je suis heureuse de partager du temps avec mon père mais je me sens de trop. La Mouche ne tient pas à ce que je me rapproche de lui et de ses enfants. Elle me déniche une place dans un foyer de travailleurs à Avignon. Il est situé en plein centre-ville et je m'en réjouis, il me sera plus facile de trouver un emploi. Mais les premières difficultés apparaissent. Tout est compliqué quand on sort de prison, la banque pinaille pour m'ouvrir un compte bancaire. Mon CV présente un trou de trois ans que je dois cacher en mentant. Je n'avais jamais eu de peine à trouver du travail, je suis de nature bosseuse et volontaire. En ayant un casier judiciaire, la donne est bouleversée. Il existe deux types de casiers judiciaires en France. Le Bulletin n° 2 répertorie les condamnations les plus légères (contraventions, sursis, condamnations en tant que mineur). Le Bulletin n° 3 recense les condamnations pour crimes et les emprisonnements de plus de deux ans. Le Bulletin n° 1, qui regroupe les deux autres, est réservé aux autorités judiciaires.

Je cours les agences d'intérim et les petites annonces, j'appelle, j'envoie des CV. Les employeurs me réclament le Bulletin n° 3. Leur regard change en l'examinant. Non seulement le document comporte une mention mais elle est explicite.

— Vous avez été condamnée pour homicide ?

Qui souhaiterait côtoyer une tueuse ? On m'indique qu'on me rappellera… On ne me rappelle pas. Les entretiens se succèdent. Alors que je désespère, une entreprise de nettoyage industriel m'accepte comme femme de ménage. Ironie du sort, on m'affecte à la préfecture du Vaucluse. Soit ils ne trouvaient personne prêt à se lever à 5 heures, soit la virginité d'un casier judiciaire est superflue pour servir les délégués de l'État. Dans tous les cas, je suis ravie.

Durant quelques semaines, je passe la serpillière au service des papiers de la préfecture, je vide les poubelles et époussette les ordinateurs. Les tâches sont loin de me passionner mais je touche un salaire, je peux payer mon loyer et les cadeaux pour les enfants. J'enchaîne avec un job de serveuse dans un bar d'Avignon. C'est là que je rencontre Alan.

Le coup de foudre

Alan est un homme de mon âge. Notre liaison est une aventure banale, je n'en attends pas grand-chose. Un matin, il me lance :

— Ça te dit, des vacances au soleil ?

— Où ça ?

— Je vais quinze jours en Espagne, à Almeria, voir des copains. On mangera des tapas et on se baignera. Tu veux m'accompagner ?

« Des vacances » ? Je pensais avoir oublié ce mot, je ne l'ai pas prononcé depuis des années. Je repense au bonheur ressenti face au mont Saint-Michel. Mes yeux s'illuminent. Oui, je veux revoir la mer, qu'elle soit grise ou bleue.

Nous prenons nos maillots de bain et partons en voiture. La route est longue, Almeria est située tout au sud de l'Andalousie, sur la côte méridionale de la péninsule. La ville est une pastille dorée et multicolore, posée entre la mer d'Alboran et le désert.

Après avoir déposé nos bagages à l'hôtel, nous partons nous promener sur le front de mer. Le soleil est plus éclatant encore qu'à Avignon. Je demande à Alan de me photographier. Alors que je suis assise sur le muret devant la mer, un éblouissement me saisit. Ici, je peux refaire ma vie, devenir qui je veux et être heureuse. C'est une révélation, une certitude, une évidence. C'est à Almeria que je veux vivre. Je ne parle pas un mot d'espagnol, peu importe, j'apprendrai. Ma décision est prise. Je vais m'installer ici.

Alan m'emmène manger des tapas et me baigner mais pour moi, les vacances sont finies, je suis focalisée sur mon objectif. Je pousse la porte d'une agence immobilière à Aguadulce. Deux femmes remplissent des fiches derrière leurs bureaux.

— Bonjour, je cherche un appartement à louer.

— Bienvenue !

J'ai la surprise d'être accueillie dans ma langue maternelle. L'agence est tenue par Viviane et Conception, l'une française et l'autre espagnole. Une chance incroyable. Je leur explique que je souhaite m'installer dans la région et m'enquiers des biens correspondant à mon budget. Les prix sont deux à trois fois moindres qu'à Avignon. Elles me proposent un appartement meublé en bord de plage, en face d'un grand hôtel.

— Je peux le visiter ?

— Bien sûr.

L'immeuble est impeccable. Trois chambres, deux salles de bains, une terrasse, un dallage de marbre à la mode espagnole, l'appartement est assez grand pour accueillir les enfants et donne l'effet d'un palace à qui sort d'une cellule de dix mètres carrés. Je laisse le contenu de mon portefeuille pour le réserver. Viviane et Conception sont chaleureuses, nous sympathisons. Elles m'indiquent les bonnes adresses à connaître en ville et je leur explique que je cherche un travail.

— Nous songions à prendre quelqu'un pour nous aider, me répondent-elles. Si tu parles espagnol, on t'embauche.

— Laissez-moi six mois.

Ma chance a été au rendez-vous, au-delà de mes espérances. Agitée par la hâte de m'installer, j'écourte mon séjour et remonte en France chercher mes affaires. Mes valises sont vite bouclées. Je cours à la Fnac acheter deux manuels d'apprentissage de l'espagnol.

Je pars sans laisser d'adresse.

J'embrasse mon père et annonce mon départ à Bob. Il comprend ma démarche.

— Ça te fera du bien de changer d'air, maman.

— Il faut que je trouve de quoi payer mes premiers loyers.

— J'ai des économies, je vais t'avancer un peu d'argent.

Il me prête aussi une Ford pour redescendre en Espagne. Je serre mon fils dans mes bras jusqu'à l'étouffer.

Sitôt arrivée à Almeria, je règle six mois de location d'avance, tant je suis certaine de mon choix. Je suis décidée à prendre un deuxième départ. Les mois suivant ma libération m'ont convaincue que je n'avais aucun avenir en France. J'étais sortie de prison sans être libérée pour autant, mon entourage, l'administration et les employeurs me renvoyaient à ma condition d'ancienne détenue et de meurtrière. Je serais restée femme de ménage jusqu'à la retraite et encore, avec beaucoup de chance.

Je n'ai qu'un plan : me reconstruire. Je suis un steak haché. La prison m'a abîmée psychologiquement, et physiquement, ce n'est pas la grande forme non plus, mon teint est gris et mon visage bouffi ; j'ai pris quinze kilos, je m'essouffle en montant un escalier. Je me donne trois mois pour parler espagnol et recouvrer la santé. C'est la période du ramadan. La ville comptant une importante population musulmane, il est assez suivi et je prends le rythme de faire un seul repas, à la nuit tombée. Chaque matin, je pars d'Aguadulce à pied ou à vélo et parcours une vingtaine de kilomètres le long de la côte. Je m'inscris dans une salle de gym, à côté de chez moi, et m'y rends du lundi au samedi midi.

Le sport me vide la tête et me galvanise. Mon corps et mon esprit s'allègent, je suis libre. Enfin. J'ai remisé mes souvenirs dans des placards, verrouillé les portes et jeté la clé. Je suis focalisée sur l'avenir, je veux devenir quelqu'un. Les cours suivis à la maison d'arrêt m'ont ouvert des fenêtres sur le monde et j'ai repéré une infinité de possibilités. Je vis seule, je ne m'occupe que de moi et personne n'est là pour critiquer mes actions ou pire, m'imposer ses choix. Je peux devenir qui je veux, me créer une nouvelle vie, j'en suis convaincue.

À Almeria, on ignore mon enfance et mon acte. Je ne suis plus une enfant violée par sa mère et forcée à manger ses excréments, ni la femme qui a tué son époux d'un coup de fusil. Je ne suis ni victime ni coupable, je suis une trentenaire active, célibataire, souriante. Quand on me demande si je suis mariée, j'esquive en expliquant que mon mari est parti un matin et n'est jamais revenu ; après une grave dépression, j'ai préféré déménager. Cela stoppe les questions. Si j'ai un conseil à offrir à ceux qui ont traversé de graves épreuves et cherchent à se reconstruire, c'est celui-ci : pour les dépasser, gardez-les pour vous. Les malveillants vous jugeront ou utiliseront vos failles pour se servir de vous, les gentils vous identifieront comme quelqu'un à problèmes et prendront peur. La personne ne doit pas modifier son regard sur vous, vous devez apprendre à exister pour ce que vous êtes, non pour vos blessures. Si le besoin de vider votre sac devient trop fort, prenez un cahier et écrivez, ou appelez un psychothérapeute.

L'après-midi, je vais à la plage, je m'installe sur le sable et je bois le soleil dont j'ai été privée durant trois ans, tout en répétant mes leçons d'espagnol. Apprendre une langue en autodidacte est plus lent et difficile, mais cette méthode m'oblige à plonger dans la culture locale. Je suis des émissions politiques à la télévision, je lis des ouvrages sur son histoire et son patrimoine. Almeria regorge de monuments sublimes, mariant son héritage mauresque et ses traditions catholiques. L'église de San Juan a été bâtie sur une mosquée construite au xe siècle. La ville a conservé la plus grande forteresse datant de la conquête arabe et la cathédrale de la Encarnacion, entourée de palmiers, est ornée de décors baroques et Renaissance. Ce mélange des cultures me fascine et me donne envie de mieux les connaître. Je rêve de traverser la mer pour visiter le Maroc et la Tunisie.

Je suis tombée amoureuse de l'Andalousie. La végétation luxuriante, les palmiers, les dattiers et les arbustes couverts de fleurs aux couleurs chatoyantes m'ont séduite, j'aime le rythme espagnol et ses originalités. Ici, pour un rendez-vous à 15 heures, on arrive à 16 heures. Les magasins ouvrent à 10 heures, puis les gens déjeunent et c'est l'heure des tapas. Les magasins rouvrent à 15 heures en hiver, 16 heures en été, et ferment à 22 heures. Tout est prétexte à faire la fête ! Pour les commémorations de la sainte patronne de la région, les habitants posent une semaine de congés, les danses et les processions envahissent les rues. Ce mode de vie, joint à un climat exceptionnel, attire les expatriés. Le soleil andalou brille été comme hiver, les giboulées du printemps et la grisaille de l'automne sont inconnues. Je n'ai jamais fêté un Noël à l'intérieur. Le premier hiver où des flocons sont tombés, je n'en croyais pas mes yeux, j'avais oublié cette magie blanche et silencieuse. J'ai couru dehors et me suis roulée dans la neige. J'avais à nouveau cinq ans !

J'ai retrouvé en Andalousie ce qui me faisait vibrer à Nîmes : la chaleur, le soleil, le ciel d'un bleu parfait, les taureaux, la musique. Après trois mois de sport et d'apprentissage, je me sens neuve. Je suis loin d'être bilingue mais j'ai bien progressé en espagnol et je suis en pleine forme. Mon allure stupéfie les enfants lorsqu'ils viennent me voir.

— On dirait que tu as rajeuni, maman !

En attendant de rejoindre Viviane et Conception à l'agence, je cherche un emploi saisonnier. La région vit en grande partie de ses immenses exploitations agricoles qui produisent toutes sortes de légumes sous serre. Elles recrutent des milliers d'ouvriers, car beaucoup d'opérations ne peuvent être mécanisées. Je suis embauchée pour calibrer les légumes. Ce travail n'exige aucune expérience et il est déclaré, ce qui n'est pas toujours le cas en Andalousie ; ici, on parle de salaire A et de salaire B, l'un est déclaré au fisc, l'autre, non et versé de la main à la main.

Le rythme de travail est intense, les tomates n'attendent pas et les clients non plus. Les légumes réclament leurs bras. Nous sommes des dizaines de saisonniers à œuvrer dans les hangars. J'arrive à l'aube et je repars à la nuit, les mains et les épaules douloureuses d'avoir manipulé des cagettes de plusieurs kilos. Malgré tout, ce travail me plaît, il m'offre une immersion dans la vie de mon pays d'adoption. Je partage les repas et les discussions de mes collègues, je vis à l'espagnole.

Trier des légumes est une ergothérapie, les manœuvres sont répétitives mais exigent de la concentration et m'empêchent de ruminer. Je n'ai pas le temps de me poser des questions ni de ressasser mes mauvais souvenirs. Je découvre un secteur économique inconnu, celui de la culture maraîchère. Je réalise ainsi que la moitié des tomates étiquetées Espagne sont en réalité cultivées au Maroc, et qu'il faut entourer de glace les choux et les salades pour les conserver durant leur transport à travers l'Europe. Leur saison succède à celle des poivrons, des concombres et des tomates. Là, le travail devient trop dur pour moi, la glace me ronge les mains. J'arrête ma mission, d'autant que mon niveau d'espagnol est suffisant pour m'autoriser à intégrer l'agence immobilière.

Vivre sans barreaux

Viviane et Conception m'avaient promis un contrat et tiennent parole. Je serai rémunérée à la commission. La partie commerciale ne m'inquiétait pas, j'ai été à bonne école, chaque soir de Saint-Sylvestre, Maupin m'envoyait quêter des étrennes dans les maisons du quartier et me battait si je rentrais les mains vides. J'obtenais même des bonbons en prime, à croire que j'ai le commerce dans le sang. J'appréhende davantage les échanges en espagnol. Je m'applique à perfectionner en particulier ma maîtrise des nombres : je ne peux pas me permettre de confondre les milliers et les millions lorsque je présenterai une maison à un futur acquéreur.

— Tu vas répondre au téléphone, m'annonce Viviane.

Je ravale mon affolement. Passé le moment de panique, je saute à l'eau. Mon accent français amuse les clients et je me prends au jeu. J'ai compris qu'il faut penser en espagnol pour le parler couramment et je m'oblige à cette gymnastique. J'en viens à parler mieux andalou que français, au désespoir de mes enfants.

— Maman, parle français ! s'exclame parfois Bob, exaspéré, lorsque je lui téléphone.

— Mais je parle français !

— Non, tu parles espagnol !

Je me réadapterai à l'usage de ma langue maternelle en regardant des films francophones. La France est presque devenue un pays étranger tant j'ai appris à vivre à la mode ibérique. J'écoute des groupes et des chanteurs espagnols, et je cuisine local. Dès que je repose le pied en France, le stress me saisit. La nourriture est la seule chose qui me manque. Je rêve de paupiettes de veau depuis des années et c'est très compliqué de préparer un pot-au-feu parce que la viande appropriée est introuvable en Andalousie. Quand je monte en France, je me rattrape en dévorant du foie gras frais, des rillettes, des andouillettes, de la choucroute et des assiettes de fromages. La gastronomie espagnole est savoureuse mais moins variée. On déguste des ragoûts (les *guisos*), des *paellas*, des *toastados*, de la charcuterie, beaucoup de recettes à base de poulpe et de poisson, et une spécialité, le *migas*, des petits poissons du type sardines préparés avec de la semoule, de l'ail et de l'huile d'olive. La Catalogne produit même du champagne rosé, le cava.

En rentrant à la maison un soir, je trouve mon fils assis sur le pas de la porte en compagnie d'un copain.

— Bob ! Pourquoi tu ne m'as pas prévenue de ta visite ?

— Je voulais te faire la surprise, je suis venu fêter ma majorité avec toi, maman.

Nous passons un week-end inoubliable. Devant ce garçon d'un mètre quatre-vingt-cinq, rieur et posé, qui trinque à ses dix-huit ans, je ressens le même émerveillement que le jour de sa naissance. Je suis si fière de lui.

Il me trouve bonne mine.

— Je suis heureuse, Bob. Ici, on me fait confiance, j'exerce un travail intéressant et je ne dois rien à personne.

— Tu veux rester ici, alors ?

— Oui. Je ne pourrai rien reconstruire à Nîmes ou à Valence.

Nous le savons tous les deux, même s'il a du mal à l'accepter.

Je passe le cap de mes quarante ans en Espagne. Je me contente de boire un verre au bord de la mer avec des amis. J'ai développé un blocage à l'égard des fêtes. J'ai oublié mes anniversaires sauf deux, celui de mes sept ans, que Suzanne ne m'a pas fêté, et celui de mes dix-huit ans, parce que Yolande m'a offert ma première montre. Noël symbolise le bonheur et il a souvent représenté un moment malheureux, ces périodes où l'on m'a empêchée de les fêter, chez Maupin, au Patriarche, ou en prison. Noël incarne ce dont j'ai été privée, la famille, l'amour et la douceur. Suzanne m'avait servi une assiette d'oignons crus pour mes sept ans, alors que toute la famille fêtera l'anniversaire de ma demi-sœur deux jours plus tard. À cet âge, être privé d'anniversaire est incompréhensible, il s'agissait forcément d'une punition et je me demandais ce que j'avais commis pour la mériter. L'épisode s'est imprimé dans mon cœur d'enfant. Yolande avait dû vraiment insister pour célébrer mes dix-huit ans.

À quarante ans, mon cadeau est ailleurs : j'ai une nouvelle vie. Les fantômes de mon enfance sont loin, enfermés dans mes placards verrouillés. J'ai retrouvé un corps musclé, je suis devenue bilingue, j'exerce un métier que j'aime, j'ai rencontré des gens qui m'ont offert leur confiance et je suis fière de la mériter. Je me suis reconstruite. Désormais solide, je souhaite offrir à Bob et Ophélie un maximum de moments heureux.

Je remontais une fois par mois voir les enfants et ils ont constaté ma transformation. Malgré tout, ils pensaient mon éloignement temporaire. Ils vivent mal mon installation, en particulier Ophélie. Je décide de me rapprocher de la France afin de faciliter leurs allers et retours en économisant de longues heures de trajet. Je choisis une ville de Catalogne, à une heure trente de la frontière. Le climat est plus rude. Je suis montée en short, je dois acheter un parapluie… À Almeria je me baignais encore au mois de novembre et je riais des Espagnols emmitouflés dans leurs pulls sur la plage ; engoncée dans les miens, je ne ris plus du tout. Je déprime au point qu'Ophélie me dit : « Maman, repars en Andalousie, tu es trop malheureuse ici. »

Je redescends et décide de louer une maison à Malaga, entre Almeria et Gibraltar, dont l'aéroport assure une liaison directe avec la France. Ophélie pourra venir me rejoindre lors des vacances. Elle me souffle : « Maman, s'il te plaît, prends une maison sans barreaux aux fenêtres. »

En Espagne, on vit la fenêtre ouverte et presque toutes les maisons sont protégées par des barreaux en fer forgé. Les visites à la prison ont marqué Ophélie au point qu'elle n'en supporte plus la vue. Je fais le tour des agences immobilières pour dénicher une maison sans barreaux. J'en trouve une près de la plage, entourée de citronniers. Les enfants auront l'impression de séjourner dans un pays exotique.

Je sais que j'ai été trop absente pour Ophélie et Bob, et j'essaie de me rattraper. Je veux leur offrir des souvenirs de rêve. Nous visitons l'Alhambra à Grenade, et le désert de Tabernas, l'unique désert d'Europe, qui s'étend au nord d'Almeria. Il a servi de décor aux grands westerns, Sergio Leone y a tourné *Il était une fois dans l'Ouest* et *Le Bon, la Brute et le Truand*. Un village américain typique de la ruée vers l'or, Fort Bravo, avec son saloon et ses maisons en planches, subsiste au milieu des scorpions et des cactus. Transportés dans un monde parallèle, mes enfants ouvrent de grands yeux et moi, je suis heureuse de partager avec eux ces moments d'évasion.

Quand ils sont chez moi, je les gâte au point qu'ils ne comprennent pas que je leur dise non. Nous frôlons le drame lors d'un séjour d'Ophélie. Le jour de son retour en France, elle refuse de partir. Elle pleure.

— Garde-moi ici, maman, supplie-t-elle, ne m'oblige pas à rentrer.

— Ophélie, je n'ai pas le choix. Tu dois retourner dans ta famille d'accueil. Si tu restes en Espagne, je retourne en prison.

La justice serait impitoyable en cas de non-présentation d'enfant. La situation est aussi dure pour elle que pour moi, ça me fend le cœur de la voir pleurer. Elle a besoin d'être avec sa mère et j'ai besoin de la voir. Cette fois-là, petit miracle, une grève de la compagnie aérienne nous offre deux jours de répit.

Un autre homme

J'ai attendu plusieurs mois avant de contacter Lola. Je voulais être certaine d'aller bien avant de l'appeler. Lorsqu'elle entend ma voix au téléphone, elle n'en croit pas ses oreilles :

— Cathy, c'est bien toi ?

— Oui !

— Tu avais disparu ! Je suis si heureuse d'avoir de tes nouvelles ! Où es-tu ?

— En Espagne. Je me suis installée à Malaga.

Je lui expose les raisons de mon départ.

— Ne bouge pas, Cathy, donne-moi ton adresse, j'arrive.

Le lendemain soir, elle est à la maison en compagnie de son mari. Ils ont sauté dans leur voiture et roulé douze heures. Il n'y a que Lola pour faire ça.

Forte de mon expérience à Almeria, j'ai ouvert ma propre agence immobilière. La bulle immobilière qui a explosé au début des années 2000 continue à provoquer des dégâts et le secteur est en plein crash. La clientèle de Malaga est différente de celle d'Almeria. Elle est composée d'Anglais et d'Allemands, dont je maîtrise mal la mentalité et les attentes. Les difficultés financières et l'appel de l'Andalousie sont trop forts, au bout d'un an, je redescends.

Je m'installe à Roquetas de Mar, à vingt minutes d'Almeria. Une radio locale m'embauche pour vendre des spots publicitaires. L'activité est intéressante mais ne me nourrit pas.

— Et si tu revenais à l'agence en tant que commerciale ? me propose Viviane. Conception et moi cherchons à développer la vente sur plan.

Cette fois, elle me le promet, j'aurai un fixe, elles me déclareront et m'établiront des bulletins de salaire. J'alterne les journées à l'agence, et celles passées dans une baraque installée sur la rue, d'où je vends et loue des appartements, des bureaux, des entrepôts.

Comme les histoires d'amour, les amitiés peuvent s'évanouir. Viviane et Conception, les deux cogérantes, se brouillent et ferment l'agence. Je repars dans la restauration. J'avais rencontré un cuisinier, Diego, d'origine cubaine. Il travaille dans un grand restaurant sur la plage, à Aguadulce, et donne mon nom. On me confie d'abord le ménage et le nettoyage des immenses baies vitrées, puis la préparation des petits déjeuners. J'installe les buffets, dresse les tables et réchauffe les petits pains. Je travaille les samedis et dimanches, évidemment. J'apprends à confectionner des paellas et à préparer des tapas.

L'histoire avec Diego s'était terminée, mais nous habitons encore ensemble lorsque je fais la connaissance d'Aurel, le patron d'une société de nettoyage industriel. Aurel est une personnalité connue, il dirige une entreprise de cinq cents salariés et a lui-même été décoré par le roi d'Espagne. Mon franc-parler et mon accent français lui plaisent, il veut me revoir.

Il m'emmène dîner dans un coupé Jaguar bleu turquoise dont il est très fier. Nous parlons de tout et de rien, puis il lâche :

— Tu ne m'as rien dit sur ma voiture.

Je pouffe de rire.

— Que veux-tu que je dise ? C'est avec toi que je sors, pas avec la voiture.

Je suis sans doute la première fille à lui répondre ainsi. S'il est vexé, il le cache.

Comme moi, Aurel change de parfum selon son humeur. Il est sensible, très cultivé. En parallèle de son activité, il écrit des ouvrages et dispense des cours à l'université. Sa curiosité d'esprit et son intelligence me stimulent. Il vit dans une maison digne de Hollywood, une villa de trois cents mètres carrés en bord de plage, décorée de meubles de designers et de toiles signées Picasso. Une gouvernante s'occupe de l'entretien et des tâches quotidiennes. Un matin, il me tend une enveloppe épaisse.

— C'est pour toi.

Je la pose sur la table sans l'ouvrir.

— Ça ne m'intéresse pas, je ne suis pas là pour ça.

Il comprend que je refuserai les cadeaux. Quelques semaines plus tard, il choisit un moyen détourné pour me rapprocher de lui.

— Mon intendante est partie, tu peux la remplacer deux ou trois jours par semaine et je te donne cinq cents euros, ce n'est pas un salaire, juste un défraiement pour couvrir ton loyer.

Pénétrer dans le monde d'Aurel me transporte sur une autre planète. Il est impossible de résister à son énergie frénétique. La littérature, la musique, la peinture, la politique… tout l'intéresse et il partage ses emballements. Il dévore les livres et m'emmène faire des razzias en librairie. Il a ses places à l'opéra, sa loge à l'arène. D'origine catalane, il est fier de sa culture et me fait visiter les cathédrales et les couvents, dont il me raconte l'histoire. Je m'efforce de lui dissimuler la culpabilité qui m'assaille en pénétrant dans les églises. J'ai honte, j'ai le sentiment de voler une beauté qui m'est interdite. Suzanne et Maupin haïssaient la religion, ils me défendaient d'entrer à l'église du village et j'ai conservé ce tabou. Ces deux monstres m'ont enlevé cela aussi : le bonheur d'apprécier la beauté gratuite.

Dès que nous vivons ensemble, il tient à m'emmener en Catalogne. Il veut me faire goûter les fromages locaux.

— Ils sont bien plus nombreux que tu ne le crois, tu dois les connaître.

Il a raison, la profusion de fromages catalans me stupéfie.

J'aurais pu rester sa compagne si un événement n'avait bousculé les choses. Nous rentrons de courses quand son assistante l'appelle :

— Monsieur, les impôts ont bloqué les comptes de l'entreprise !

C'est une catastrophe. Il lui faut trouver un homme de paille pour poursuivre ses activités. Les semaines passent, aucun de ses amis n'accepte ce rôle et Aurel est coincé, il ne peut plus verser le salaire de ses employés. Il me propose le poste de gérante.

Son offre réveille mon sens du commerce et de la négociation, il ne s'agit plus de vendre des sets de table ou des villas mais des contrats d'entretien à des élus ou des chefs d'entreprise, et l'idée me plaît. J'accepte.

Sa société signe des contrats de plusieurs millions d'euros avec des clients comme l'armée de l'air et des chaînes de pharmacies. Pour négocier avec eux, je dois maîtriser parfaitement les subtilités de la langue. Je prends des cours de castillan. Aurel m'emmène dans un showroom pour me relooker. Son goût est infaillible et il m'explique les codes du milieu dans lequel j'entre. Pas de logos apparents, pas de robe longue pour le déjeuner, pas de décolletés pour les repas d'affaires… Physique, tenue, langage : il me transforme en chef d'entreprise et je me prends au jeu. Je n'ai plus d'étiquette de loubarde. Personne ne sait que j'ai été violée, massacrée, abandonnée, condamnée, emprisonnée, aucun des hauts fonctionnaires avec qui je déjeune ne se doute que j'ai dormi dans la rue, vécu dans une ZUP. Est-ce que c'est une revanche sur la vie ? Je l'ignore, en tout cas, c'est une fierté, j'ai brisé la malédiction, le destin assigné par mes bourreaux.

Aurel aussi l'ignore. Ses yeux brillent de fierté lorsqu'il me regarde travailler. Moi, j'ai trouvé mon âme sœur, un homme qui aime la beauté, qui s'est formé, travaille dur et a conservé sa soif d'apprendre. J'ai changé de monde, je suis entrée dans un univers où tout est possible. J'avais réinventé ma vie en arrivant à Almeria et la confiance d'Aurel m'a emportée plus haut que je ne l'aurais imaginé.

Tomber et se relever, encore

Je plonge dans une vie à cent à l'heure. J'enchaîne les déjeuners d'affaires et les dîners dehors. Ma fille profite davantage que moi du jacuzzi lorsqu'elle vient chez nous durant les vacances. J'appréhende la première rencontre entre mon compagnon et mes enfants mais ils s'apprivoisent doucement.

Je suis amoureuse, j'enterre les fêlures, y compris celles de ma vie affective. Mais comme avec tous mes compagnons précédents, il y a des moments où je ne supporte pas qu'Aurel me touche. Il suffit d'un détail, d'une phrase, d'une scène dans un film, qui fait remonter les souvenirs et les peurs, et la peur de la souffrance me happe.

Un jour, Viviane me croise à la banque. Nous nous sommes perdues de vue après la fermeture de l'agence. Je lis l'étonnement dans ses yeux.

— Cathy, tu as l'air très en forme.

— Merci.

Elle scanne ma tenue de la tête aux pieds, boots, jeans, cabas en cuir, balayage cendré. Je respire l'argent.

— Il faut qu'on déjeune ensemble, toutes les deux, me dit-elle en souriant, tu me raconteras ce que tu deviens.

— Avec plaisir.

Aurel m'invite en vacances au Maroc. En me promenant dans les jardins du palais royal, je repense à Me Fort. J'avais rêvé de visiter le pays dont il me parlait. Le rêve est devenu réalité. Les odeurs des épices, le bleu des céramiques et l'ocre des murs me donnent le vertige.

La générosité d'Aurel est illimitée. Alors qu'on se promène à Almeria, il s'arrête dans une bijouterie.

— Montrez-moi les Rolex homme et femme.

Le vendeur déploie devant nous une farandole de plateaux de velours.

— Laquelle te plaît, Cathy ?

Je ressors de la boutique avec un modèle à neuf mille euros au poignet.

Pour mon anniversaire, il m'emmène dans une clinique de chirurgie esthétique.

— Choisis ! Qu'est-ce que tu veux ? Une liposuccion, ou les seins ?

J'opte pour une liposuccion sculpturale. Cinq mille euros représentaient un pourboire pour Aurel.

Bob est en couple depuis plusieurs années maintenant. Il m'a présenté sa compagne et la naissance de son fils me rend folle de joie. Ophélie est à la maison le jour où son frère nous appelle de la maternité.

— Il est né !

Je pense avec tendresse à mon aïeule. Je suis à mon tour la grand-mère gâteau qui monte en France les bras chargés, embrasser la famille. Aurel choisit lui-même les cadeaux dont je remplis le coffre de la limousine.

— Prends du jambon, et de l'huile d'olive, et cette bouteille-ci…

Je charge la voiture de vêtements et de jouets pour le bébé. Douze ans plus tard, mon petit-fils conserve dans un tiroir le doudou que je lui ai choisi.

À l'occasion de leurs noces de porcelaine, un couple d'amis renouvelle ses vœux de mariage. Nous sommes invités.

— Vas-y tout seul, dis-je à Aurel.

— Nous sommes invités tous les deux.

— Je déteste les fêtes familiales, tu le sais.

Il me prend la main et me caresse le poignet du bout des doigts.

— Je suis sûr que tu aimeras celle-ci et que nous passerons un merveilleux week-end. Je vais t'aider à choisir de jolies tenues.

Je soupire mais me laisse convaincre. La fête se déroule dans un ravissant village typique et dure trois jours. C'est un enchantement, une bulle de bonheur.

— Et si nous pensions à nous, maintenant ? me souffle Aurel.

Je plonge mon regard dans le sien, il sourit. Je l'embrasse. Se marier ? Oui, du fond du cœur.

Ophélie est furieuse que je refasse ma vie. Elle m'en veut terriblement d'avoir tué son père et de l'avoir privée d'une famille. En quelques mois, en s'immisçant entre Aurel et moi, elle abîme mon couple. Je le réalise trop tard, le mal est fait. Aurel se met à avoir des liaisons. Il a glissé dans l'alcoolisme mondain et je l'ai suivi. Les disputes sont incessantes, je vais dormir au bureau, ou dans un appart hôtel.

Un dimanche soir, après avoir fait la fête tout le week-end, je prends le 4 × 4 pour aller boire un verre en ville. Je suis déjà pompette, mais je me gare en veillant à bien serrer le frein à main. J'entre dans le bar, je pose mon sac sur le comptoir et comprends qu'il me manque mon portable.

— Zut, j'ai oublié mon téléphone dans la voiture.

Je ressors. Six jeunes m'abordent.

— Madame, vous avez embouti notre véhicule.

Je me récrie :

— Jamais de la vie ! Les trois places de parking étaient libres quand je suis arrivée et j'ai mis le frein à main.

J'ai bu mais je vois clair et je suis sûre de mon bon droit.

— Si, si, c'est vous, insistent les jeunes.

— Écoutez, on va appeler la police, elle jugera.

Malheureusement, le père de l'un des jeunes était policier. Je tente de montrer à travers la vitre du 4 × 4 le frein à main levée. Les forces de l'ordre font la sourde oreille et m'intiment l'ordre de souffler. Je refuse, furieuse.

— Je suis à pied et sur le trottoir, mon alcoolémie ne regarde que moi.

— Puisque vous le prenez comme ça, madame, on vous embarque.

— C'est ridicule !

Je passe la nuit au poste de la *guardia civil* d'Almeria, où Aurel, furieux, me récupère au petit matin. Les gendarmes sont les premiers étonnés de mon arrestation.

— Mais qu'est-ce que cette femme fait chez nous ? Elle a refusé de souffler dans le ballon alors qu'elle était dans la rue ? La belle affaire ! Si on arrête tous les fêtards de la ville…

L'engrenage est lancé et devient fou. Je suis accusée de coups et blessures et convoquée au tribunal.

Je suis les événements tétanisée, plongée dans un cauchemar. Le spectre de la prison m'empêche de dormir. Heureusement, je n'ai pas été placée en préventive et comparais libre. On m'inflige d'abord quatre mille euros d'amende pour avoir marché sur le pied d'un garçon, puis le juge me condamne à cinq ans de prison et me retire à vie le permis de conduire. Aurel paie l'amende et son avocat fait appel de la condamnation. Je prie pour que mon casier français reste sous les radars.

Finalement, ma peine est réduite en appel à trois ans et demi de retrait de permis et deux ans de prison avec sursis. Mon casier judiciaire étant vierge en Espagne, j'échappe à la prison ferme.

Avant de rentrer en France, Ophélie se débrouille pour faire savoir à Aurel que j'ai tué mon mari. Il ignorait mon passé. Il remâche l'information sans m'en parler. Tout en ignorant la raison, je sens la distance grandir entre nous et elle devient insupportable. J'ai perdu la lumière qui m'avait portée en arrivant en Espagne, et Aurel se détourne de moi. Jour après jour, je m'enfonce dans des sables mouvants. Je ne sais plus pourquoi je me suis battue. Pour être abandonnée à nouveau ?

Un soir, j'avale des plaquettes de médicaments. Aurel a très peur en me trouvant inanimée mais il refuse d'évoquer une séparation. Je prends les devants.

— Faisons une pause, le temps de réfléchir.

Il hésite, puis acquiesce.

— Trouve-toi un appartement, je paierai ton loyer.

En partant, je laisse sur la coiffeuse la Rolex et les bijoux. Sans lui, rien de tout cela ne m'intéresse.

Notre séparation est douloureuse. Le plus difficile n'est pas de me déshabituer de l'argent mais de la tendresse et du regard qu'Aurel portait sur moi. Au moment où je rends les clés de l'entreprise, j'ai une mauvaise surprise : le fisc me réclame des charges salariales qu'Aurel a préféré oublier de payer. En tant que gérante, c'est à moi de les régler. Furieuse, je porte plainte contre lui. Il m'a utilisée pour servir ses intérêts. Son amour était probablement sincère lors de notre rencontre mais, le jour venu, il n'a pas résisté à la tentation d'en tirer profit.

Nous nous retrouvons face à face, entourés d'avocats, pour signer un accord.

— Pensez à votre sursis de deux ans, me glisse son conseil.

Il me tient, et il le sait. Je préfère conclure un mauvais arrangement avec Aurel que risquer un nouveau procès et retourner en prison.

Lorsque tout est terminé, Aurel finit par me demander :

— On m'a dit que tu avais tué ton mari. Est-ce que c'est vrai ?

— Oui, c'est vrai.

— Si tu m'en avais parlé, murmure-t-il, j'aurais pu comprendre ton acte. Mais que tu me caches une chose pareille…

Il est davantage blessé qu'en colère. Son regard attristé ravive mes regrets. Mais il est trop tard.

Je repars de zéro et j'entre dans une entreprise de négoce de plantes comme responsable des ventes France-Espagne. Elle exporte des euphorbes, qui fleurissent toute l'année. Une fois rempotées, les plantes sont shootées pour grandir plus rapidement puis expédiées chez les grossistes. Leur expédition et le chargement des camions frigorifiques sont un art. Je dois calculer le coût et la durée exacte de leurs trajets entre Almeria et les Pays-Bas. Je relève le défi, en mettant à profit ce qu'Aurel m'a enseigné. Le travail est ma thérapie et je m'y jette à corps perdu, j'enchaîne les journées de douze heures. J'oublie ma vie personnelle, je travaille les jours fériés espagnols comme les jours fériés français. Le patron est impeccable mais mon chef trouve que je montre un peu trop d'ambition. Il craint que je lui vole sa place. L'ambiance se dégrade et je préfère partir.

Les années suivant ma rupture avec Aurel, Ophélie souffle le chaud et le froid. Elle accouche à son tour d'une petite fille. Je tiens à voir grandir mes petits-enfants et à plusieurs reprises, je monte en France passer un mois auprès d'elle.

La reconstruction est difficile pour elle. Un jour, elle me demande de la dépanner. Je lui envoie cent euros, mais elle fait la morte les semaines suivantes lorsque je l'appelle. Quand elle décroche enfin, elle me jette :

— Je suis au restaurant, je n'ai pas que ça à faire. Je te rappelle.

Elle tient parole et cette fois, me dit :

— Tu as tué mon père, je te hais.

Puis elle cesse de me donner des nouvelles. C'est difficile d'accepter que la coupable était victime : pourtant, elle se souvient que son père était dur, y compris à son égard. Je suis persuadée qu'elle a aussi été manipulée par des personnes malveillantes jalouses de mon bonheur, car ces frictions n'existaient pas entre nous quand Ophélie était petite.

Mes deux enfants ont toujours refusé de voir un psy. J'étais une mère fusionnelle et la détention a été un séisme pour elle. Pendant deux mois, elle m'a crue à deux doigts de la mort. Sur ses dessins, elle m'avait représentée en noir et rouge, avec mes longs cheveux noirs. Je pense que la vérité sur son père lui fait encore peur. Un jour, elle comprendra.

Un jardin et Pomponnette

Les psychologues de la clinique m'ont enseigné un exercice. Il consiste à tracer un carré sur une feuille de papier, et à y dessiner des portes, matérialisant les sorties possibles. Désormais, le carré compte beaucoup de portes. L'Espagne a été une deuxième naissance. J'y vis depuis vingt ans, et ces années m'ont offert une nouvelle chance, celle d'être moi. Ici, je n'ai jamais été ni victime ni coupable, juste moi, Cathy, une femme aimant la vie, le soleil, ses enfants et les animaux, une femme curieuse, appréciée, heureuse.

Les photos de ces vingt dernières années montrent ma métamorphose, je suis passée de chenille à papillon. Elles dévoilent aussi l'immense soif de reconnaissance qui m'a poussée à modeler mon physique et à chercher la légitimation sociale. « Tu n'étais pas toi-même quand tu étais avec Aurel, m'a dit Bob, tu étais une femme étrangère. » Je suis enfin devenue moi-même. Aurel m'a montré que tout était possible. Aujourd'hui, si j'étais millionnaire, je n'achèterais ni sacs à main griffés ni loft ; j'embellirais mon jardin, je prendrais deux beaux coqs et je créerais une fondation pour aider les enfants victimes d'inceste et de maltraitances.

Les blessures infligées par Suzanne et Maupin m'ont poursuivie tout au long de ma vie ; devenue adulte, je n'ai pas fait comme j'ai voulu, j'ai fait comme j'ai pu, en luttant pour éviter de me noyer. Le manque, le besoin d'amour, est resté. J'ai essayé de le combler de mille manières, mais il est là. Douloureux. J'ignorerai toujours le bonheur de manger avec ses frères et sœurs, d'être aimée par un père et une mère, de rire en famille, de se réjouir des joies des uns et des autres, de transmettre des souvenirs heureux à ses enfants. Le peu que j'ai été mère, j'ai été une bonne mère, une mère kangourou qui a gavé ses enfants de tendresse. La séparation a été d'autant plus violente le jour où j'ai été incarcérée.

C'est long de se reconstruire, après trente-cinq ans d'enfer. En France, cela m'aurait été impossible, je serais retournée sans cesse à mon passé. J'ai dû être égoïste, partir, pour m'éloigner des personnes malfaisantes et avoir le droit d'exister. Cette démarche a été terrible à accepter pour mes enfants. Mon fils m'a glissé il y a peu de temps : « J'ai compris qu'on ne pouvait pas recréer une famille. » Il avait espéré que nous nous retrouverions à nouveau tous les trois après ma libération. Il a dû renoncer à ce rêve.

J'étais un puzzle quand je suis sortie de prison et Ophélie souffrait trop de la mort de son père pour me pardonner. Elle avait sept ans au moment des faits, son frère, ses grands-parents et moi l'avions préservée dans la mesure du possible de l'ambiance délétère régnant à la maison. J'espère qu'un jour elle aussi comprendra et me pardonnera. On a perdu trop de temps à mal s'aimer et la vie passe vite.

J'habite à vingt minutes de route d'un village, dans une grande maison en pleine nature. Cet endroit a été un cadeau de Noël, je l'ai trouvé une semaine avant les fêtes de la Nativité. J'y vis avec mes chiens Chocolat, Charly et Charlotte, la chatte Pomponnette et ses petits, des poules, des oiseaux. L'agressivité entre les animaux m'est insupportable, je leur ai appris à vivre ensemble. Les poules et les chats s'entendent à merveille, Pomponnette et ses petits jouent avec les chiens. C'est facile de rendre un chien méchant, c'est une question d'éducation. Je me languis de voir la réaction de mes chiens face à la neige. Je les ai accueillis quelques jours après leur naissance, j'ai passé des mois à les dresser et chaque matin, ils m'accueillent avec des bonds de joie. Les animaux nous rendent cent fois l'amour et le temps que ceux que nous leur consacrons.

J'ai choisi de me retirer ici, je suis bien. Mieux vaut vivre seule, ou sans amour, que se détruire en courant après à n'importe quel prix. La maison se transforme chaque saison. En été, les rosiers grimpants embaument le jardin ; à l'automne, les biches et les sangliers descendent des collines et se promènent entre les arbres. De la terrasse, je vois la montagne changer de couleurs. La nature est mon oxygène.

C'est la première fois que je ne suis plus en mode survie, je ne lutte plus pour manger, pour calmer la douleur, pour me protéger, pour me reconstruire, pour être aimée à tout prix. Je ne prends plus d'antidépresseurs. J'apprends : je lis et je regarde des documentaires. Mes journées suivent le rythme des saisons. J'ai ramassé mon safran et l'ai fait sécher, j'ai confectionné des pâtes de fruits. J'aime cuisiner mais je peux oublier de me mettre à table. À la maison, les soupes au bouillon-cube restent mon plat favori. Et pourtant, mes poules donnent des œufs frais, mes arbres fruitiers croulent sous les figues, les poires, les abricots, les grenades et les amandes… Je cultive des oignons, je les cuisine, mais je suis incapable d'en manger, comme le poivre. Mes congélateurs sont remplis des produits du jardin. Je fais des réserves. Des réserves de nourriture pour tout le monde, y compris mes poules et mes chiens.

Quand on a manqué de tout, on rêve de liberté et de bonheur, bien qu'il soit difficile de le discerner quand on l'a si peu connu. Je me suis heurtée à de nombreuses illusions. Mais j'ai suivi ma route malgré les coups et je suis fière de mes enfants, fière d'avoir repris mes études, d'être parvenue à devenir une chef d'entreprise, fière d'avoir conservé des amies précieuses comme Fifi et Lola.

J'ai déménagé onze fois en dix ans. Je ne me suis jamais projetée, je n'ai jamais racheté de maison. En ce moment, j'aimerais acquérir un appartement en France que je pourrai laisser à Bob et Ophélie ; c'est la première fois que je repense à l'avenir.

J'ai enfin accepté de ne pas avoir de mère. Mon véritable rêve est de voir davantage mes enfants et mes petits-enfants, d'entendre leurs rires, de les serrer contre moi. Pour le reste, je suis libre.

Un dernier mot

J'ai changé de pays, reconstruit ma vie, rencontré un homme avec lequel je vis depuis quatorze ans, Serge. Si je suis ce que je suis aujourd'hui, il y est pour beaucoup. Malgré tout, il me manque un élément essentiel : je ne sais pas pourquoi Suzanne a choisi de me faire souffrir, moi.

Le 18 août 2023, le youtubeur TiboInShape a publié un entretien au cours duquel j'évoquais mon enfance. Je croyais encore en l'humanité de ma mère. Cette fois encore, j'en ai payé le prix. Je l'avais prévenue de l'interview et lui avais dit : « Je vais essayer de te ménager. »

Ma mère m'a appelé une semaine après la publication de la vidéo. Sa haine était toujours présente. Indestructible. Je n'étais plus sa fille, je n'existais plus, elle me rayait de sa vie ; à partir de ce jour, elle n'avait que trois enfants. Juste avant qu'elle raccroche, je lui ai demandé à nouveau, comme lors de son séjour à Mallissard en 1992 :

— Mais pourquoi m'as-tu fait ça ? Tu m'as reprise pour les allocs ?

Elle a craché :

— Non, je l'ai décidé. J'en avais le droit, tu étais ma fille, je faisais ce que je voulais de toi.

— Tu m'as prise pour faire plaisir à Maupin ?

— Non, c'était ma décision, tu étais ma fille. J'avais le droit.

Mais pourquoi ? Et pourquoi moi, alors que ses trois autres enfants semblaient la prunelle de ses yeux ? Je ne comprenais pas. J'ai insisté.

— Mais pourquoi ? J'étais heureuse chez ma marraine ! Pourquoi as-tu décidé de me faire passer du bonheur à l'enfer ?

— Tu avais eu sept ans de bonheur, ça suffisait ! Tu devais payer. Tu étais trop heureuse, tu n'avais pas le droit, il fallait que tu souffres.

Une main brûlante m'a serré l'estomac. Je me suis accrochée à la rambarde de la terrasse pour ne pas tomber, je ne sentais plus mes jambes. Me faire souffrir ? Mais pourquoi ? Et pourquoi me le dire maintenant ? Est-ce que je ne méritais pas d'être heureuse ? Pourquoi moi, et pas mon demi-frère ou l'une de mes demi-sœurs ? À 59 ans, je n'ai toujours pas de réponse.

Je croyais qu'elle avait tenu à me récupérer pour percevoir les allocations ou répondre à une demande de Maupin. Mais non, elle voulait juste me faire du mal. C'est pour cela qu'elle m'avait envoyée dans le lit de ce pervers, afin de me voir souffrir et de me détruire, d'effacer en moi toute trace de joie et de vie.

Je pense que ce jour-là Suzanne a voulu se libérer en me disant enfin la vérité. Sans doute était-ce la première fois de sa vie qu'elle était honnête, à l'instar d'un mourant qui ressent le besoin irrépressible de faire des aveux.

J'ai reçu ses mots, glaçants, comme un coup de massue. J'avais essayé de la ménager dans la vidéo, comme tout au long de ma vie, mais elle ne le méritait pas.

Ce jour-là, tout s'est arrêté pour moi. J'ai compris que je ne pourrais jamais plus l'appeler « maman ». Cette femme n'était pas une mère. Pourtant, au fond de mon cœur, je ressens de la pitié envers elle. Mon fils, Lola ni aucun de mes proches ne le comprennent, mais je n'arrive pas à la haïr, je ne parviens pas à jeter ses photos. C'est aussi pour cela qu'il est si difficile de dénoncer les maltraitances et l'inceste : cette peur de faire du mal à une personne que tu aimes, en sachant qu'elle ne t'aime pas mais en espérant qu'un jour, peut-être, elle t'aimera, est plus forte que la douleur que tu veux crier.

Toute ma vie, j'ai couru après l'amour de ma mère. Avec mon premier argent de poche, à La Providence, je lui avais acheté un collier dans un marché de Nîmes. J'espérais conquérir son amour ; mais l'amour ne se conquiert pas, il est là ou pas.

J'ai longtemps voulu que Suzanne soit reconnue coupable de ses actes et être moi-même reconnue comme victime. Quand on commet un acte, on l'assume, et Suzanne n'a jamais assumé. Elle s'est toujours cachée, comme Lucien Engelmajer. Malgré tout ce que j'ai enduré au cours de ma vie, ces viols, ces actes incestueux, ces coups, j'ai été la seule à reconnaître mes actes face à une cour d'assises. Je n'ai jamais été reconnue comme victime. Pourtant, j'aurai eu besoin qu'on l'affirme, qu'on confirme publiquement que je dis la vérité.

Si on me demande ce que je ressens pour elle aujourd'hui, je répondrai que je n'ai ni haine ni colère. Je lui en veux parce qu'à cause d'elle j'ai tellement souffert… et tant d'autres que moi, par ricochet. Mais je ne la hais pas. En revanche, en tant que mère, ses actes me sont incompréhensibles. Je ne la considère plus comme ma mère mais comme un individu étranger que je ne parviens pas à comprendre. Je voudrais que quelqu'un m'explique comment me voir souffrir a pu lui procurer une jouissance. Aucun psy n'a réussi à me l'expliquer.

J'avais pensé pardonner à ma mère, mais j'ai admis la réalité ; consciemment, volontairement, elle a massacré mon existence. J'ai noté dans un cahier les émotions ressenties en écrivant ce livre et j'ai constaté que je ne suis plus en colère envers mon passé. On ne peut pas lutter lorsqu'on est en colère, car on recherche la vengeance. La colère qui m'a imprégnée durant des années est partie. Aujourd'hui, je ne veux plus rien d'elle, ni pardon, ni excuses. Je n'ai plus ni haine ni amour.

Lorsque je jette un regard en arrière et déroule le fil des épreuves traversées, je constate que tout a basculé le jour où Suzanne est venue m'enlever. Ce jour-là, ma vie a explosé. J'ai été réduite en charpie. Pourtant, la seule à accueillir Suzanne lorsqu'elle a été blessée, ce fut moi. J'avais besoin d'amour et de reconnaissance, je voulais qu'elle admire ma réussite, je tenais à lui montrer que j'étais, parmi tous ses enfants, celle qui s'en sortait le mieux. Depuis mon enfance, cette soif de reconnaissance a été mon moteur. Aujourd'hui, ce besoin a disparu, je n'ai plus de revanche à prendre ; pour en avoir eu en quantité, je sais que l'argent ne rend pas heureux. Cela semble une évidence mais, lorsqu'on a failli mourir de faim, il faut du temps pour comprendre que les possessions matérielles ne combleront pas les manques affectifs. Aucune vie de luxe n'effacera la souffrance d'avoir été haïe par sa propre mère.

J'ai construit ma vie seule. Sans père, sans mère, sans amour, toujours seule. Comment ai-je pu surmonter physiquement et psychologiquement toutes ces épreuves ? Je l'ignore. Chaque fois que je repense à mon séjour au Patriarche, à ce que m'a fait subir mon mari ou à ce que j'ai vécu en prison, mon corps se couvre de boutons. J'ai 59 ans et mes jambes conservent les cicatrices des coups reçus à l'âge de huit ans. Mes problèmes d'équilibre m'ont empêchée de passer mon permis moto et de porter des talons hauts.

Juste avant la parution de mon premier livre, j'ai rencontré deux avocats pour porter plainte contre ma mère, mais la prescription était de dix ans après la majorité de la victime. C'était trop tard. Dix ans, ou même trente ans, cela paraît long mais c'est le temps nécessaire à la plupart des victimes pour admettre leurs traumatismes et parvenir à les dépasser. Comment porter plainte lorsqu'on est brisé ? Durant trente ans, toute mon énergie était concentrée à rester vivante et, à l'instar d'un blessé qui marche en perdant son sang, je ne voyais même pas que j'étais en miettes. Je n'ai révélé à un psychiatre les tortures de mon enfance qu'à 30 ans passés. Quant à Lucien Engelmajer, c'est l'État qui m'a confiée à un homme qui m'a violée et exploitée. Contre qui puis-je porter plainte ? Contre l'État qui m'a abandonnée à ce serpent ?

Je n'ai voulu aucun des supplices que l'on m'a infligés : la seule chose qu'un enfant demande, c'est de l'amour. Pas des viols, des coups, des humiliations et de la peur. Un enfant maltraité a tant besoin de tendresse qu'il devient par la suite une proie pour tous les barbares. Il se raccroche au moindre regard et se jette tête baissée dans les bras des manipulateurs.

Nous sommes des milliers de femmes et d'enfants à être punis, privés de notre vie ou assassinés. On peut dénoncer un crime contre l'humanité, mais pas celui qu'a commis un père ou une mère sur ses enfants ?

La maltraitance des enfants est une guerre silencieuse : ces petits, lorsqu'ils survivent, sont massacrés. Toutes les trois minutes, un enfant est abusé sexuellement et près de la moitié des victimes feront par la suite une tentative de suicide. En France, en 2022, une centaine d'enfants ont été assassinés, tués par leurs parents ou beaux-parents, dans leur propre famille. Un enfant sur dix serait victime de maltraitance. J'ai reçu des dizaines de messages après mon intervention sur la chaîne YouTube de TiboInShape. Des femmes et des adolescents qui ont subi ou subissent l'enfer se sont confiés à moi.

Le malheur doit servir ; tout est recyclable, pas seulement les bouteilles en plastique. Les cicatrices que je porte depuis cinquante ans doivent être utiles. Quand je constate la souffrance de tant de personnes, je me dis que nous devons agir. Faire modifier la loi sur les maltraitances et l'inceste. Lever la prescription qui est, depuis 2004, de trente ans à compter de la majorité de l'enfant en cas de viol et de dix ans en cas de maltraitances. Il faut témoigner, expliquer que ces horreurs existent, afin de faire bouger les choses, que les enfants torturés osent parler, que les femmes battues, les femmes violées, osent parler.

Un enfant martyr n'est pas coupable et il n'a pas à être puni à perpétuité. Il a droit au bonheur. Leurs bourreaux, en revanche, doivent être arrêtés et jugés pour leurs crimes. La société se désintéresse du sort des enfants placés sous protection judiciaire mais ils ne sont pas là par hasard, et ils ont besoin d'encore plus d'attentions que les autres pour parvenir à se reconstruire. Les aider, c'est aussi préserver leurs futurs conjoints et leurs enfants.

J'aurais dû mourir cent fois, de douleur et de désespoir. Si Dieu m'a gardée en vie, c'est pour témoigner, j'en suis convaincue.

Table

Cet ouvrage a été composé
Par Facompo à Montrouge (Hauts-de-Seine)

Impression réalisée par
CPI France
en août 2024
pour le compte des Éditions de l'Archipel
département éditorial
de la S.A.S. Écriture-Communication.

#lisez! engagé
www.lisez.com
Pour plus d'information :
Imprimé sur du papier issu de forêts gérées durablement.

Imprimé en France
N° d'impression : 3057071
Rang de tirage : 01
Dépôt légal : septembre 2024